101 TRUCS ET CONSEILS

AMÉLIORER SA MÉMOIRE

David Thomas

MANGO PRATIQUE

Un livre de Dorling Kindersley

Première édition en Grande-Bretagne 2003
par Dorling Kindersley Limited
80, Strand London WC2T ORL

Dépôt légal : octobre 2003
Traduction : Agnès Espenan
Adaptation : Dominique Montembault
Mise en pages : Studio Michel Pluvinage

Imprimé à Hong Kong par Wing King Tong

ISBN : 2 84270 425-8

MANGO *PRATIQUE*

Sommaire

Entraîner sa Mémoire

Appliquer les Techniques Mémorielles

Introduction

Les résultats intellectuels sont devenus la clé non seulement du succès professionnel et personnel, mais également de la qualité de la vie. Une mémoire active et efficace est la pierre d'angle de l'ensemble de vos résultats intellectuels. Améliorer sa Mémoire vous convie à un voyage initiatique, en vous montrant comment la mémoire fonctionne, comment développer son potentiel et comment l'utiliser efficacement. Les méthodes d'entraînement de la mémoire révèlent le niveau auquel vous pourrez accéder et les applications vous donnent un aperçu de la façon dont vous pouvez utiliser votre mémoire. Les exercices d'autoévaluation vous permettront d'évaluer vos résultats ; améliorer les capacités de votre mémoire vous aidera à améliorer votre confiance en vous et votre créativité.

Comprendre la Mémoire

La mémoire est une faculté humaine entourée de mystère. Comprendre comment elle fonctionne devrait vous permettre d'améliorer votre capacité à l'utiliser au maximum de ses possibilités.

Définir la Mémoire

La mémoire nous définit en tant qu'individu. Dès notre plus jeune âge, nous collectons tous une foule de souvenirs à la fois uniques et irremplaçables. La mémoire nous permet également de gérer la vie quotidienne. Et ce n'est que quand elle commence à nous faire défaut que nous réalisons à quel point elle est importante.

▲ **Anticiper le futur**

Quand vous imaginez un événement avec plaisir – par exemple, des vacances à la mer – vous pouvez l'imaginer car vous possédez des souvenirs joyeux d'expériences similaires.

POINT CLÉ

- Faites bon usage de votre mémoire car la qualité de votre vie en dépend grandement.

FORGER SON INDIVIDUALITÉ

Votre mémoire fait de vous la personne que vous êtes. Ce n'est pas qu'une base de données remplie d'informations : elle influence votre vision de la vie et, en conséquence, votre réaction face aux événements. Les nouvelles expériences sont modelées par la mémoire. Votre réaction face à un événement est définie par les souvenirs d'expériences similaires.

DIFFÉRENCIER LES MÉMOIRES

Le souvenir d'un événement peut différer totalement d'une personne à l'autre. Ceci est dû au fait que, contrairement à une photographie, le souvenir n'est pas gravé fidèlement dans l'esprit. Il est fait de bribes d'informations retenues et analysées par le cerveau selon un procédé propre à chaque individu. Le souvenir que vous gardez d'un événement dépendra toujours des informations et des souvenirs qui auront été précédemment stockés dans votre esprit.

POINTS CLÉS

- Prenez conscience du véritable potentiel de votre mémoire en l'entraînant à réagir rapidement et efficacement.
- Créez des souvenirs positifs pour vos enfants en vous assurant que leur environnement est riche et stimulant.

« La mémoire est une invention superbe, aussi utile pour apprendre que pour vivre. »

Dialexeis, 400 av. J.-C.

▼ **Apprendre à parler**
La mémoire joue un rôle essentiel dans l'apprentissage du langage. Les enfants apprennent par l'imitation et par la pratique, stockant les mots dans leur mémoire longtemps avant de pouvoir réellement s'en servir.

SE SOUVENIR DE SON ENFANCE

L'âge exact auquel nous commençons à acquérir des souvenirs est sujet à caution, mais on sait que les bébés reconnaissent les voix ou les musiques qu'ils avaient l'habitude d'entendre lorsqu'ils étaient dans le ventre de leur mère. Les cinq premiers mois, les bébés commencent à reconnaître les personnes de leur entourage. À l'âge d'un an, ils acquièrent les bases du langage : si la plupart des mots sont acquis par répétition, les enfants de cet âge commencent également à former leurs propres mots ou à déformer ceux qu'ils connaissent. Ils peuvent par exemple se tromper d'auxiliaire et dire « j'ai parti », appliquant ainsi une règle mémorisée inconsciemment.

MÉMOIRE ET ÂGE

Les capacités de mémorisation ne se détériorent pas avec l'âge. Le flux sanguin et la consommation d'oxygène par le cerveau – deux facteurs essentiels pour ses performances – sont identiques chez toutes les personnes en bonne santé, qu'elles aient 20 ans ou 70. Leurs mémoires fonctionnent aussi bien. Le seul domaine dans lequel les résultats diffèrent est la rapidité d'apprentissage. Une personne âgée mettra plus de temps à absorber et à mémoriser une information qu'une personne plus jeune.

POINT CLÉ

- **Restez mentalement actif et vous serez capable, même à un âge avancé, de réussir des exploits étonnants.**

▼ **Apprendre à tout âge**
Alors que la rapidité d'apprentissage décline avec les ans, la mémorisation des informations reste toujours aussi bonne.

À 20 ans

À 70 ans

Quelques informations

En vieillissant, de nombreuses personnes imputent leurs problèmes de mémoire à la perte de cellules du cerveau. Cependant, même si nous perdons des cellules en prenant de l'âge, ce n'est pas dans les proportions auxquelles les gens pensent. En fait, une personne de 70 ans possède encore environ 97 % du nombre de cellules qu'elle avait à l'âge de 25 ans.

PERDRE LA MÉMOIRE

La mémoire peut temporairement nous faire défaut en raison du stress ou de la fatigue, deux facteurs affectant la concentration. L'amnésie – absence totale ou partielle de souvenir sur une longue période – peut être causée par un traumatisme psychologique ou par des dommages causés au cerveau par une hémorragie, une tumeur ou une attaque. Elle peut se manifester par des difficultés à se souvenir d'événements en cours, d'événements antécédents à un accident ou même datant de l'enfance. La plupart du temps, la mémoire revient même si le souvenir du traumatisme peut rester incomplet.

ENRICHIR SON INTELLECT

Le QI n'est pas une donnée fixe, améliorer ses capacités mémorielles peut le faire progresser. Les trois principaux domaines testés lors des tests de QI sont la logique d'association, qui est le principe clé de l'entraînement de la mémoire, la conscience spatiale, qui est renforcée par la création d'images, et la logique numérique, car la mémorisation des nombres est améliorée par les techniques de développement de la mémoire.

Combiner ▶ les principaux domaines
Essayez de développer tous les domaines liés aux performances intellectuelles. Mélangez-les pour obtenir un effet de synergie – les utiliser tous en même temps est plus efficace que de les utiliser tous individuellement.

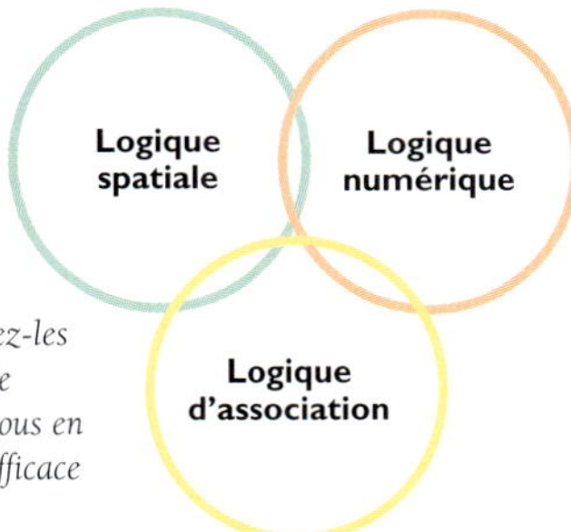

En bref

- Quand on est âgé, la mémoire fonctionne aussi bien, si ce n'est mieux, que lorsque l'on est jeune.
- La mémoire peut être temporairement endommagée par le stress, la fatigue ou par un traumatisme psychologique.
- Le QI peut être augmenté grâce à l'amélioration de la mémoire.

« Nous sommes ce que nous faisons de façon répétée. L'excellence n'est donc pas un acte, c'est une habitude. »

Aristote

TESTS DE QI

Les tests permettant de définir le QI (quotient intellectuel) d'une personne ont été utilisés pour la première fois au XIXe siècle. Ils mesurent vos performances dans certains domaines intellectuels et les résultats fournissent une indication sur les résultats que vous obtiendriez dans les domaines non testés. Ces tests ont créé une véritable controverse pour savoir si le QI était lié à l'acquis ou à l'inné. Cependant, il a été démontré que l'éducation et l'environnement peuvent agir sur les résultats. Les techniques de développement de la mémoire amélioreront certainement votre QI – en élargissant votre vocabulaire, par exemple. Vous pouvez également faire progresser votre résultat en faisant régulièrement des tests : à chaque fois que vous faites un test de QI, votre mémoire s'enrichit de données qui pourront vous être utiles dans le futur.

Le Rubik's cube
Une part importante des tests de QI est consacrée à la logique spatiale. Réussir à ramener les 6 faces d'un Rubik's cube à leur configuration d'origine peut vous aider à améliorer vos performances.

Comment Fonctionne la Mémoire

Le cerveau est une machine extrêmement complexe dont tous les secrets n'ont pas encore été percés. L'une des choses que nous savons avec certitude, c'est que l'importance des connexions entre les cellules du cerveau (ou neurones) est essentielle au bon fonctionnement de la mémoire.

LA STRUCTURE DU CERVEAU

Le cerveau pèse environ 1,3 kg et possède une texture semblable à celle d'un œuf dur. La partie inférieure, appelée « cervelet », contrôle les mouvements tandis que la partie médiane, y compris le thalamus et l'hypothalamus, relaie les informations sensorielles et régule l'ensemble du système nerveux. Enfin, la région supérieure du cerveau, appelée « lobe », contrôle les fonctions les plus complexes, comme la mémoire. Les neurones, unités de base du système nerveux, conduisent les signaux nerveux à travers tout le corps. Ils sont responsables, entre autres, de la création et du stockage des souvenirs. Le cortex – la partie striée et pleine de plis située à la surface du cerveau – a la plus importante concentration de neurones.

POINTS CLÉS

- Exploitez les capacités de votre cerveau : il a un potentiel phénoménal.
- Apprenez à utiliser toutes les parties de votre cerveau : elles travaillent ensemble pour former la plus surprenante machine de la nature.

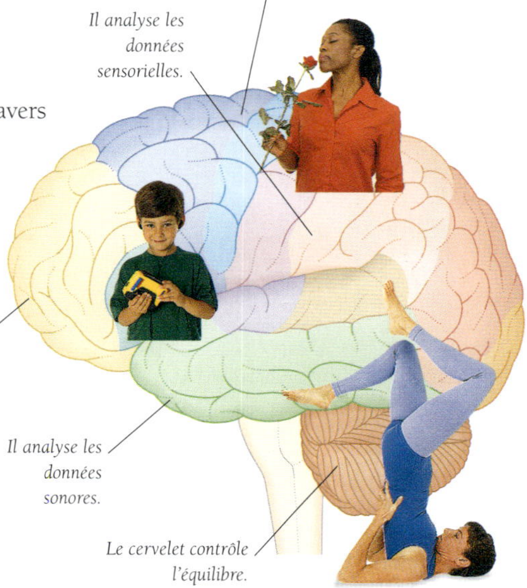

Le cerveau humain ▶
La partie supérieure du cerveau, le lobe, traite des informations complexes. Ses différentes parties ont des fonctions spécifiques. Votre mémoire sollicite plusieurs parties du cerveau qui peuvent être développées par des techniques d'entraînement de la mémoire.

LES CELLULES CÉRÉBRALES

Le cerveau possède 10 milliards de cellules, « neurones », chacun est composé d'un corps et de fines branches : environ 10 000 dendrites (portes d'entrée) et un seul axone (porte de sortie). Les dendrites servent à relier les neurones, qui ne se touchent pas : entre-elles, on trouve des espaces appelés synapses. Pour les franchir et se transmettre d'une cellule à l'autre, les signaux nerveux sont convoyés par substances chimiques, appelées « neurotransmetteurs ».

Structure d'une cellule nerveuse

Ces trois cellules nerveuses sont présentées sous une forme simplifiée. Chacune a un noyau central et plusieurs branches ayant chacune de nombreux points de connexion.

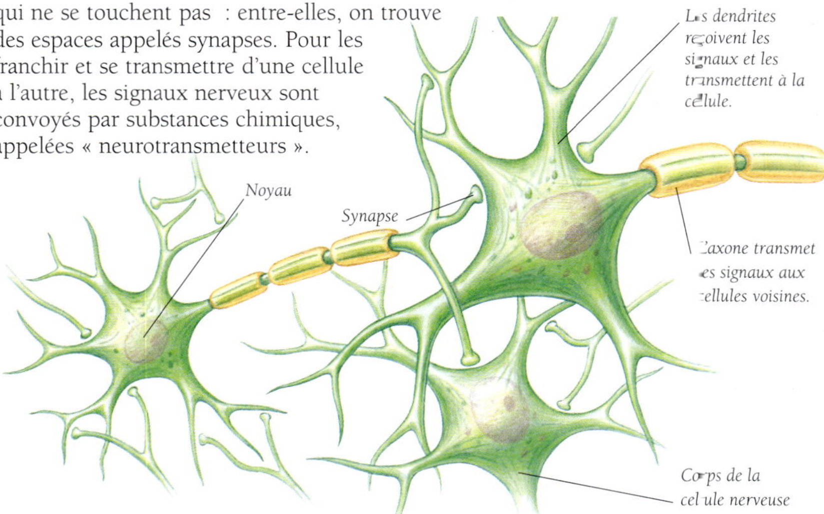

Quelques informations

Votre cerveau est comme un immense central téléphonique, relayant les messages entre ses milliards de cellules. Imaginez que tous les hommes soient en même temps au téléphone et que chaque personne soit en communication avec 10 000 autres. Tel est le pouvoir de connexion des neurones. Certains scientifiques pensent même que le nombre de connexions est plus important que le nombre d'atomes dans l'univers.

CRÉER DES EMPREINTES MÉMORIELLES

Le système électrochimique de transmission des signaux dans le cerveau nous permet de nous constituer des souvenirs à une vitesse incroyable. Chaque souvenir a un modèle unique, une empreinte, qui est formée par les connexions entre les neurones. L'importance des empreintes détermine la qualité du souvenir. Vous pouvez utiliser les techniques de développement de la mémoire pour créer plus de connexions et ainsi renforcer ces empreintes. Les signaux passent constamment entre les synapses du cerveau, formant ainsi un réseau virtuellement infini de liens. C'est la complexité et l'absence de limites de ce réseau qui rend le cerveau humain et la mémoire si puissants.

RECEVOIR DES INFORMATIONS SENSORIELLES

La mémoire sensorielle désigne la somme des informations reçues par nos sens – une odeur, un son, une image, une caresse ou un goût. Ces informations sont envoyées dans différentes parties du cerveau. Chaque donnée est stockée pour 1/10e de seconde, jusqu'à ce que la suivante se présente. Quand les informations sensorielles se succèdent rapidement, le cerveau enregistre une sensation continue. Les informations sensorielles sont analysées et filtrées et ne sont ensuite transformées en souvenirs que lorsque cela présente un intérêt.

▲ **Évoquer le passé**
Une seule odeur – un parfum particulier, par exemple – suffit souvent à faire surgir une foule de souvenirs.

Quelques informations

Un événement important peut créer instantanément un souvenir durable. Par exemple, beaucoup de gens se souviennent précisément de l'endroit où ils se trouvaient quand la France a gagné la coupe du monde de football ou lors du passage à l'an 2000.

SE SOUVENIR DU PASSÉ RÉCENT

La mémoire à court terme, également désignée par le terme de « mémoire courante », conserve les informations pendant 10 à 20 secondes et ne retient généralement pas plus de sept données à la fois. Quand vous lisez une phrase, votre mémoire courante on retient le début pendant que vous lisez la suite pour vous permettre de comprendre l'ensemble du texte.

EXPLIQUER LE « DÉJÀ-VU »

Le déjà-vu est un phénomène qui peut nous donner des indices sur le fonctionnement de la mémoire (et de ce qui se passe quand elle ne fonctionne pas). Il désigne une impression irrésistible de familiarité dans une situation que nous n'avons pourtant, à notre connaissance, jamais vécue. 70 % des gens disent avoir déjà été confrontés à ce phénomène. Il s'agirait en fait d'un mélange des signaux dans le cerveau, qui conduit à confondre passé et présent. Certains psychanalystes pensent que la sensation de déjà-vu est liée à des vies antérieures ; d'autres l'attribuent à l'accomplissement d'un fantasme ou d'un rêve.

Ressentir une impression de déjà-vu
Avec le déjà-vu, un endroit peut sembler aussi familier qu'un lieu visité pendant les vacances, mais cette sensation de familiarité s'efface rapidement.

SE SOUVENIR DU PASSÉ ANCIEN

Les informations qui ont été conservées sont stockées dans la mémoire à long terme. Si vous voulez améliorer vos capacités à apprendre, c'est cette mémoire que vous devez développer. Il existe deux grands types de mémoire à long terme : la mémoire implicite et la mémoire explicite. La mémoire implicite concerne l'apprentissage de nouvelles activités, comme nager ou faire du vélo : une fois acquises, ces compétences ne peuvent être oubliées. La mémoire explicite concerne la mémorisation de l'ensemble des données et des faits récoltés dans la vie de tous les jours.

POINTS CLÉS

- Prenez conscience de la façon dont la mémoire utilise les signaux reçus par les cinq sens pour émettre des jugements et prendre des décisions.
- Apprenez à transférer les informations de votre mémoire courante à votre mémoire à long terme.

CRÉER DES SOUVENIRS DURABLES

La qualité de mémorisation dépend de la force des empreintes créées dans votre cerveau. Si une information présente dans la mémoire à court terme est très forte – la naissance d'un enfant, par exemple – elle peut instantanément devenir un souvenir inoubliable. Vous pouvez entraîner votre cerveau à traiter les informations de manière à créer des empreintes fortes qui vous permettront ensuite de vous les remémorer facilement et rapidement. Une expérience répétée et associée à d'autres souvenirs peut ainsi devenir un souvenir durable.

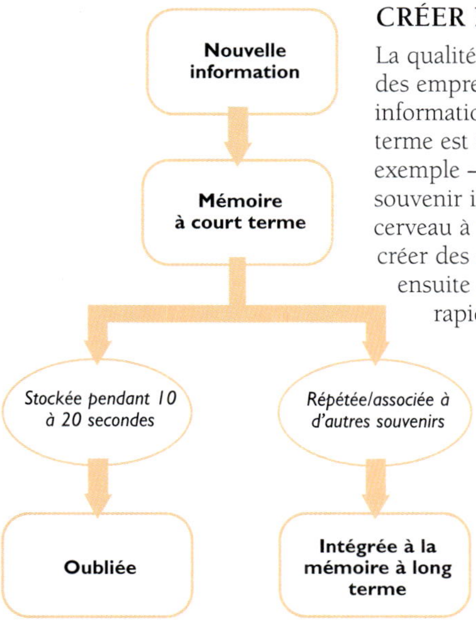

▲ **Stocker des informations**
Vous pouvez transformer une nouvelle information en souvenir durable en la répétant ou en l'associant à d'autres souvenirs.

Il pratique une nouvelle activité.

Acquérir de nouvelles compétences ▶
Une fois qu'une nouvelle compétence, comme le jonglage, est stockée dans la mémoire à long terme, elle ne pourra plus être effacée.

Pourquoi Améliorer sa Mémoire ?

Se lancer dans l'entraînement de la mémoire sans se fixer d'objectif revient à partir en voyage sans avoir choisi de destination. Identifiez les domaines de votre vie pour lesquels vous avez besoin d'améliorer votre mémoire. Vous concentrer sur ces domaines vous donnera la motivation pour progresser.

▲ **Apprendre par la pratique**
Entraîner régulièrement votre mémoire améliorera vos résultats, comme pour toute activité d'apprentissage.

RÉALISER LE POTENTIEL DE VOTRE MÉMOIRE

Votre mémoire peut être exercée, comme toute autre faculté humaine. Vous pouvez la faire progresser par la pratique, tout comme lorsque l'on apprend à jouer d'un instrument de musique ou à parler une langue étrangère. Les techniques d'entraînement de la mémoire fonctionnent car elles développent simplement les capacités naturelles de votre cerveau.

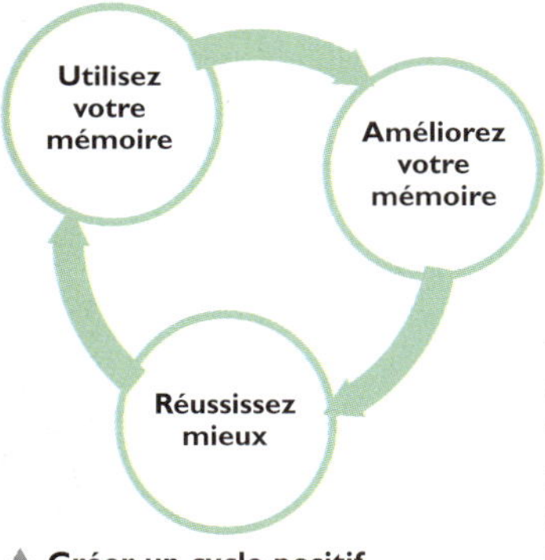

▲ **Créer un cycle positif**
Utiliser votre mémoire la rend plus forte ; et quand vous avez confiance dans votre mémoire, vous l'utilisez plus.

RENFORCER LA CONFIANCE

Un manque de confiance en votre mémoire peut la paralyser et bloquer l'accès aux informations qu'elle contient. En l'entraînant, vous deviendrez plus confiant en votre capacité à vous remémorer rapidement et précisément les choses. Cette amélioration s'autodéveloppe : plus vous utilisez votre mémoire, mieux elle fonctionne ; et quand elle fonctionne mieux, vous avez tendance à plus la solliciter. Une fois cette confiance acquise, vous pourrez également noter une amélioration dans votre mémorisation des détails de votre vie sociale, comme les noms des gens ou les détails de leurs vies.

En bref

- Avoir confiance en votre mémoire vous permettra d'améliorer votre vie sociale.
- Les résultats aux examens peuvent être améliorés par l'entraînement de la mémoire.

AMÉLIORER LES TECHNIQUES D'APPRENTISSAGE

L'entraînement de votre mémoire ne peut pas vous aider à mieux comprendre les nouvelles informations que vous recevez, mais cela vous permettra de les stocker et de vous les remémorer correctement. Cela vous aidera également, lors d'un examen, à vous souvenir rapidement et de façon exacte des informations, et donc vous serez moins soumis au stress.

OBTENIR DE MEILLEURS RÉSULTATS AU TRAVAIL

Améliorer votre mémoire augmente votre efficacité au travail. Par exemple, vous passerez moins de temps à rechercher les informations et à vérifier vos rendez-vous. Connaître les données – complètes et précises – sur le bout des doigts vous aidera à résoudre rapidement les problèmes et à prendre des décisions, et vous souvenir des noms de vos collègues ou de vos clients vous permettra de construire des relations moins superficielles.

▼ **Rester à jour dans le travail**
Le manager fait remarquer à une employée son besoin de maîtriser une nouvelle technique. Le succès ou l'échec vont dépendre de sa volonté à améliorer sa mémoire.

Le manager dit à l'employée qu'elle pénalise son équipe en refusant d'apprendre à se servir d'un nouveau programme informatique.

L'employée se sert des techniques de développement de la mémoire pour maîtriser le nouveau programme – et améliore également ses compétences personnelles.

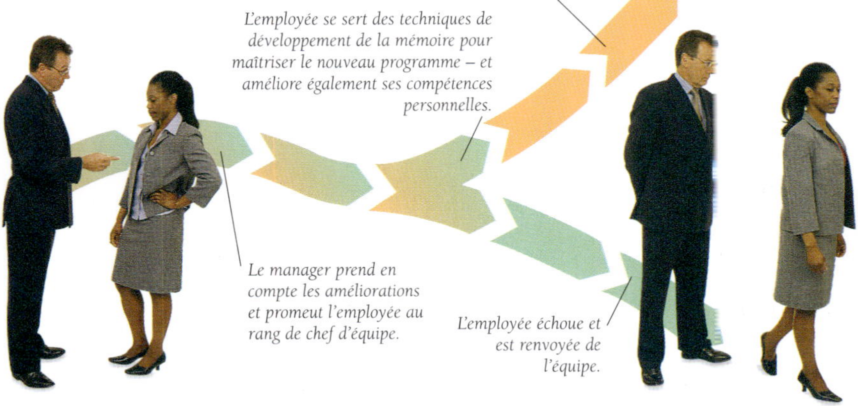

Le manager prend en compte les améliorations et promeut l'employée au rang de chef d'équipe.

L'employée échoue et est renvoyée de l'équipe.

Tester sa Mémoire

Votre mémoire est-elle bonne ou vous joue-t-elle des tours ? Répondez aux affirmations ci-dessous en cochant le cas qui correspond le mieux à votre expérience. Soyez aussi honnête que possible. Si vous répondez « jamais », cochez la case 1 ; si c'est « toujours », cochez la case 4, et ainsi de suite. Additionnez les scores et reportez-vous à l'analyse qui vous concerne pour évaluer votre capacité mémorielle.

Options

1 Jamais
2 Parfois
3 Souvent
4 Toujours

Que répondez-vous ?

	1	2	3	4
1 Je ne crois pas que la mémoire puisse être entraînée.	☐	☐	☐	☐
2 J'ai l'impression que ma mémoire devient moins bonne avec l'âge.	☐	☐	☐	☐
3 Ma mémoire à court terme me fait défaut.	☐	☐	☐	☐
4 Ma mémoire à long terme est irrégulière.	☐	☐	☐	☐
5 J'ai des difficultés à me souvenir des noms.	☐	☐	☐	☐
6 Ma mémoire m'abandonne durant les examens.	☐	☐	☐	☐
7 Je trouve qu'apprendre est ennuyeux et assommant.	☐	☐	☐	☐
8 Je n'ai pas confiance dans ma mémoire.	☐	☐	☐	☐
9 Je ne fais pas attention à mon alimentation.	☐	☐	☐	☐
10 Je fais peu (ou pas) d'exercice physique.	☐	☐	☐	☐
11 Mon style de vie est stressant.	☐	☐	☐	☐
12 La qualité de mon sommeil est irrégulière.	☐	☐	☐	☐
13 J'ai un point de vue négatif sur la vie.	☐	☐	☐	☐
14 Je pense n'avoir aucune imagination.	☐	☐	☐	☐
15 Je ne suis pas motivé pour m'améliorer.	☐	☐	☐	☐
16 J'ai du mal à atteindre des objectifs.	☐	☐	☐	☐
17 J'ai du mal à me concentrer.	☐	☐	☐	☐
18 Je ne fais pas spécialement d'effort pour mémoriser.	☐	☐	☐	☐

	1	2	3	4
19 Je manque de confiance en moi.	☐	☐	☐	☐
20 J'ai l'impression de ne pas contrôler ma vie.	☐	☐	☐	☐
21 J'ai des difficultés à me souvenir de certains mots.	☐	☐	☐	☐
22 Il m'arrive d'entrer dans un magasin et d'oublier pourquoi j'y suis entré.	☐	☐	☐	☐
23 J'ai des difficultés à retenir les dates et les rendez-vous.	☐	☐	☐	☐
24 J'ai du mal à mémoriser les nouveaux codes d'identification.	☐	☐	☐	☐
25 J'utilise un agenda (papier ou électronique)..	☐	☐	☐	☐

	1	2	3	4
26 J'utilise une calculatrice pour toutes les opérations.	☐	☐	☐	☐
27 Quand je dois parler en public, j'utilise des notes.	☐	☐	☐	☐
28 Apprendre une langue étrangère est intimidant.	☐	☐	☐	☐
29 Je compte sur la chance pour m'aider à me souvenir.	☐	☐	☐	☐
30 Les exercices intellectuels sont sans intérêt.	☐	☐	☐	☐
31 Je reste sceptique au sujet des techniques de mémorisation.	☐	☐	☐	☐
32 Je ne pense pas pouvoir améliorer ma mémoire.	☐	☐	☐	☐

Analyse

Après avoir additionné vos points, reportez-vous à l'analyse ci-dessous pour évaluer votre mémoire et ses résultats. Notez ensuite les domaines dans lesquels vous devez faire des efforts et concentrez-vous sur vos points faibles.

32 à 64 Vous avez un comportement sain et votre mémoire fonctionne très bien. Continuez dans cette voie et vous deviendrez encore plus efficace.

65 à 95 Votre comportement et les capacités de votre mémoire ont un bon niveau général. Mais vous pourriez faire mieux en améliorant vos aptitudes.

96 à 128 Vos habitudes vis-à-vis de votre mémoire et des facteurs qui l'affectent sont mauvaises. Fixez les étapes nécessaires qui vous permettront d'améliorer vos résultats dans tous les domaines de votre vie.

Mes points faibles sont :

____

____

____

____

____

Mes points forts sont :

____

____

____

____

____

Développer son Potentiel Mémoriel

Pour développer les capacités de votre mémoire, vous devez vous concentrer sur votre bien-être physique ainsi que sur les attitudes mentales qui vont contribuer à les améliorer.

Aider sa Mémoire

La mémoire ne fonctionne pas isolément : elle dépend entièrement de votre cerveau et de votre corps. Cela signifie que, si vous voulez maximiser votre potentiel mémoriel, vous devrez adopter une série de mesures destinées à maintenir votre corps en bonne forme.

POSER LES BASES

La plupart des gens supposent que leur mémoire fonctionnera indéfiniment, quelles que soient les conditions, avec une exactitude et une rapidité infaillibles. En vérité, cette attitude de laisser-aller entraîne une réelle baisse des résultats. Comme toute autre partie de votre corps, votre mémoire a besoin d'être entretenue de façon constante, et sur le long terme, pour pouvoir fonctionner à plein régime. La première étape, dans la construction d'une base solide pour l'entraînement de la mémoire, est de prendre en compte le fait qu'il est très important de faire de réels efforts pour garder votre esprit actif.

▲ **Mettre son corps et son esprit en harmonie**

Pour des résultats optimaux, votre mémoire – comme votre corps – a besoin que vous adoptiez un style de vie sain et fortifiant.

BIEN SE NOURRIR

L'alimentation ne doit pas être négligée. Il est essentiel que les neurotransmetteurs, qui contrôlent la transmission des informations entre les cellules nerveuses, soient bien entretenus. Le cerveau étant susceptible de s'oxyder, il a besoin d'antioxydants. Cela inclut les aliments riches en vitamine C, en vitamine E, en caroténoïdes et en sélénium. Les acides gras – notamment les acides oméga 3 –, les vitamines B et certains minéraux sont également essentiels pour le cerveau. Pour maximiser l'apport de ces substances à votre organisme, consommez autant de produits frais que vous le pourrez, et cuisinez-les aussi peu que possible. La racine de ginkgo biloba est aussi un bon complément.

▲ **Entretenir le cerveau**
Les poissons gras et les brocolis, riches en antioxydants, doivent être consommés régulièrement.

Accélérateurs naturels pour le cerveau et la mémoire

Éléments	Source
Antioxydants : vitamine C, vitamine E, sélénium, carotène	Agrumes, brocolis, poivrons, carottes, chou, épinards, fruits de mer, céréales, germes de soja, huiles végétales
Acides gras, omega 3	Poisson gras (sardine, saumon, maquereau, thon, hareng, anchois), huile d'olive
Vitamines B : B1, B3, B6, B12	Volaille, poisson, lait, céréales, noix, haricots, légumes verts
Minéraux : bore, magnésium, zinc	Pommes, poires, haricots, petits pois, pain complet, noix, viande de dinde, crustacés
Racine de ginkgo biloba	Extrait généralement disponible en pharmacie et en parapharmacie

EXERCER LE CORPS ET L'ESPRIT

Votre forme physique joue un rôle important dans vos résultats intellectuels. Votre cerveau utilise 20 % de votre consommation d'oxygène, alors qu'il ne représente que 3 % du poids total de votre corps. Améliorer votre flux sanguin grâce à des exercices cardio-vasculaires vous permettra d'avoir un meilleur apport d'oxygène, ce qui améliorera les performances de votre cerveau. Les exercices doivent être faits à un rythme modéré, c'est-à-dire que vous ne devez jamais être plus que légèrement essoufflé. Prévoyez au minimum trois séances d'exercices de 20 minutes par semaine.

▲ **Avoir un cerveau en forme**
L'exercice physique augmente le flux sanguin, et donc la quantité d'oxygène disponible dans le corps. Cela permet au cerveau de mieux fonctionner. Ces exercices doivent être un moment de plaisir, donc choisissez une activité qui vous plaît – et prenez conscience du bien-être que cela vous apporte.

Elle pratique la relaxation.

Elle médite quelques minutes chaque jour.

▲ **Prendre le temps**
Votre mémoire ne fonctionnera pas au mieux de ses possibilités si vous êtes stressé ou si vous avez trop de choses en tête. Accordez-vous chaque jour un moment pour vous détendre physiquement et moralement.

RÉDUIRE LE STRESS

Entraîner votre mémoire améliorera à la fois votre efficacité et vos capacités, mais il est important de ne pas avoir à faire face à trop de choses. Évitez de devoir jongler entre plusieurs tâches. Apprenez les techniques de gestion du temps afin de maintenir un certain ordre dans votre vie et de garder le contrôle. Si vous avez naturellement tendance à assumer trop de choses, apprenez à dire non aux gens qui vous entourent. Ayez recours aux techniques de réduction du stress, comme les exercices de relaxation ou la méditation, pour alléger la pression à laquelle vous êtes soumis à la maison ou au travail. Assurez-vous que vous vous accordez du temps chaque jour, pour vous couper du monde et faire ce que vous voulez. Ménagez-vous des moments de détente avec votre famille et vos amis et pensez à prendre régulièrement des vacances.

TROUVER SON BIORYTHME

Chacun d'entre nous a son propre biorythme, une fluctuation dans notre système qui définit les moments où nous sommes efficaces et ceux où nous le sommes moins. Ce rythme affecte la mémoire : beaucoup de gens trouvent que leur mémoire est meilleure tôt le matin et en milieu de soirée. Le niveau d'énergie étant lié à la température, vous pouvez contrôler votre biorythme, en vérifiant votre température – une température élevée reflète en général un niveau d'énergie élevé. Testez votre température trois fois par jour et notez les résultats dans un tableau. Faites-le pendant une semaine et définissez ensuite les moments où vous êtes à votre optimum.

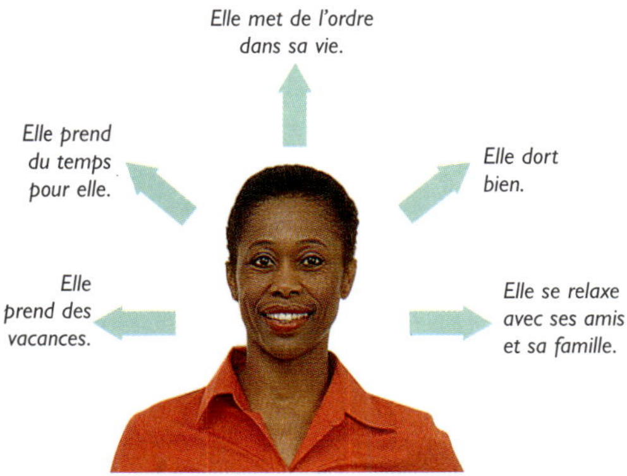

Exercices utiles

- ▶ Donnez une courte accélération à votre cerveau en courant sur place pendant quelques minutes.
- ▶ Faites du stretching. En plus de vous aider à rester souple, cela vous motivera à faire régulièrement de l'exercice.
- ▶ Quand vous faites des exercices de respiration pour vous relaxer, essayez de rendre chaque inspiration et chaque expiration plus profonde, plus longue et plus lente que la précédente.

POINTS CLÉS

- Faites régulièrement de l'exercice afin d'améliorer votre état général et, par conséquent, vos capacités mémorielles.
- Marchez le plus possible afin d'être certain de bien dormir – sans cela, il est difficile de se concentrer ou de maîtriser de nouvelles tâches.

◀ **Se créer un bon régime**
Un mode de vie qui valorise le bien-être et la santé est un mode vie qui gardera votre mémoire en bonne forme. En plus d'une bonne alimentation et d'une pratique régulière du sport, éliminez le stress et prenez le temps de vous relaxer.

BIEN DORMIR

Le sommeil est un élément essentiel pour une bonne santé générale, et un manque de sommeil peut entraîner une certaine confusion mentale. Il joue aussi un rôle important dans la consolidation de la mémoire. Les parties du cerveau impliquées dans le processus d'apprentissage quand nous sommes éveillés continuent de traiter les informations quand nous dormons. Le sommeil nous permet donc de stocker de nouvelles informations.

Penser de Façon Constructive

Avant de vous lancer dans un travail sur votre mémoire, évaluez tout d'abord la façon dont vous abordez les défis. Concentrez-vous ensuite sur votre mode de réflexion. Une attitude positive peut faire toute la différence.

POINT CLÉ

- Persévérez dans vos efforts – si une technique ne vous convient pas, essayez-en une autre.

« L'esprit est comme un parachute ; il fonctionne mieux lorsqu'il est ouvert. »

Lord Thomas Dewarr

▼ **Développer son potentiel**
Comme pour un entraînement sportif, le travail sur la mémoire peut, au départ, être un peu difficile.

AVOIR UN REGARD POSITIF

Votre attitude par rapport à la vie en détermine sa qualité. Si vous avez une approche négative, vous ne verrez que des obstacles autour de vous et vous passerez votre temps à trouver des excuses pour rester où vous êtes. Avec une attitude positive, les obstacles deviendront des challenges à savourer et vous apprécierez le résultat final, quel qu'il soit. Vous ferez face à ces défis de la même façon que vous pratiquez vos exercices d'entraînement de la mémoire, mais un mental positif vous assurera de ne pas chuter dès le premier obstacle. Par conséquent, ne blâmez pas votre mauvaise mémoire pour tout et n'importe quoi, et faites une croix sur l'idée – fausse – que les domaines de votre mémoire qui fonctionnent déjà bien ne peuvent être développés.

▼ **Avoir confiance en vous**
Une approche positive de la vie vous donnera la conviction que vous pouvez développer votre mémoire jusqu'à son maximum.

Soyez positif par rapport à l'entraînement de votre mémoire → **Soyez certain que vous pouvez améliorer votre mémoire** → **Améliorez votre mémoire**

PENSER À PENSER

Penser est une action que la plupart des gens font de façon automatique, sans se poser de question sur la manière exacte dont ils y arrivent. Cela signifie que chaque individu réfléchit, la plupart du temps, de la même façon. Vos schémas de réflexion façonnent vos pensées, vos perceptions, vos attitudes et, finalement, vos actions et votre comportement. Quand les gens parlent d'ouverture d'esprit, ils veulent généralement dire « voir les choses sous un angle différent ». Aucun mode de réflexion n'est meilleur que les autres, mais pour maximiser votre potentiel mémoriel, vous devez apprendre à réfléchir selon des modes qui reflètent ceux qui permettent au cerveau de fonctionner naturellement. C'est pourquoi les techniques d'entraînement de la mémoire sont bâties sur ce principe.

Se dire

La façon dont vous vous pensez est essentielle pour vous permettre de vous sentir bien et de réussir. Pour créer un état d'esprit positif, répétez-vous les phrases suivantes :

« *Ma mémoire peut réaliser des exploits fantastiques.* »

« *Aujourd'hui va être un très bon jour.* »

« *Je peux réussir tout ce que je veux du moment que je concentre mon esprit dessus.* »

« *Je verrai les obstacles comme des défis à surmonter.* »

Réorganiser une liste

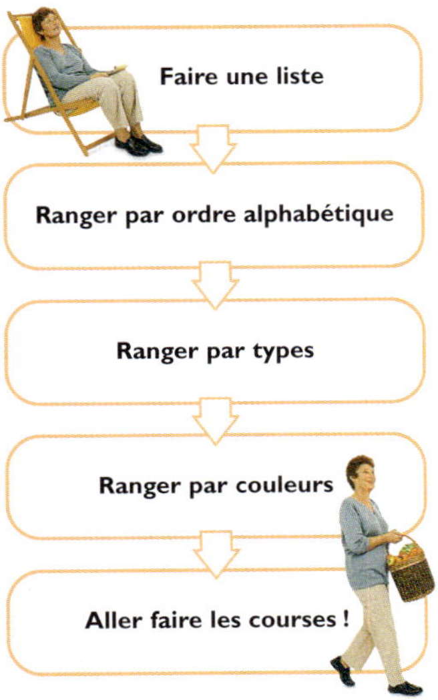

PENSER DE FAÇON CRÉATIVE

Par nature, le cerveau travaille avec des images. Vous avez une capacité virtuellement infinie d'imaginer des images – même celles que vous n'avez jamais vues, si elles sont décrites en détail. En associant les choses à des images fortes, vous améliorerez de façon spectaculaire les capacités de votre mémoire à les apprendre, à les retenir et à se les remémorer. La propension naturelle du cerveau à organiser les informations selon des modèles est également un point essentiel pour le développement de la mémoire. Recherchez ces modèles, l'ordre n'est pas essentiel, mais réorganisez les informations. Quand vous avez une liste, cherchez par exemple les mots commençant par la même lettre. Regardez si les choses peuvent être rangées dans des catégories. Certaines des choses de la liste ont-elles la même couleur ? En divisant une grande quantité d'informations en plusieurs groupes plus réduits, il vous sera plus simple de les assimiler.

Concevoir un Plan d'Action

Déterminer des objectifs vous motivera à agir, mais cela vous permettra également de concentrer votre esprit et de focaliser votre énergie pour réussir à atteindre le niveau que vous vous êtes fixé. En outre, vous minimiserez ainsi les pertes de temps et éviterez l'irrégularité des résultats.

DÉFINIR SON OBJECTIF

Soyez précis dans la description de ce que vous voulez faire. Si, par exemple, vous étudiez l'allemand, votre objectif pourrait être d'apprendre 2 000 mots. C'est un objectif précis. Mesurez vos résultats régulièrement : groupez les mots et testez vos connaissances souvent. Assurez-vous que votre objectif est réalisable et redéfinissez-le s'il s'avère trop facile ou trop difficile : vous n'avez aucun intérêt à vous faire échouer vous-même. Votre objectif doit également être pertinent : augmenter votre vocabulaire améliorera votre utilisation de la langue. Enfin, fixez-vous des limites de temps, une date limite pour apprendre vos 2 000 mots, par exemple.

Il concentre son esprit en fixant une limite de temps.

▲ **Fixer l'objectif**
Les contraintes agissent comme un aiguillon. Fixez-vous une limite de temps pour atteindre chaque objectif.

Exercices utiles

- Notez vos objectifs sur un tableau à la maison, ainsi que dans votre agenda.
- Collez des photos de votre destination de vacances à côté de la liste de vos objectifs : cela peut vous motiver à apprendre la langue du pays, par exemple.
- Essayez de fixer des objectifs communs avec d'autres personnes : pour vous motiver mutuellement.

FIXER UN CADRE TEMPOREL

Les objectifs peuvent être petits ou grands, à court terme ou à long terme. Divisez les objectifs les plus importants en sous-objectifs. Si votre objectif final est, par exemple, d'apprendre 2 000 mots d'Allemand en 5 mois, vous pourriez prévoir d'apprendre 400 mots par mois, 100 par semaine ou 14 par jour. Apprennez alors 14 nouveaux mots et révisez les précédents en une heure. C'est un objectif pertinent et réalisable, fixé avec un cadre de temps précis. Si les objectifs sont trop faciles ou trop difficiles à atteindre, modifiez-les.

La formule gagnante

Clé	Objectif
Précision	Soyez précis dans la définition de l'objectif que vous souhaitez atteindre.
Mesure	Choisissez un objectif dont vous pourrez mesurer le résultat.
Faisabilité	Si nécessaire, modifiez votre objectif pour le rendre réalisable.
Pertinence	Assurez-vous que votre objectif est cohérent par rapport à vous.
Temps	Fixez un cadre de temps dans lequel vous devrez avoir atteint votre objectif.

PRENDRE LE DÉPART

Les techniques d'entraînement de la mémoire, quel que soit leur potentiel, ne sont d'aucune utilité tant que vous ne les mettez pas en pratique. Établir un plan d'action est la meilleure façon de tirer véritablement parti de ces techniques. Il vous empêchera de laisser traîner les choses et, en visualisant clairement les actions que vous avez à accomplir, vous aurez plus de facilité à vous y mettre. Vous pourrez ainsi profiter de nombreux bénéfices apportés par l'amélioration de votre processus d'apprentissage. Votre esprit sera concentré sur votre développement personnel et le plaisir d'avancer à grands pas sera profitable pour tous les aspects de votre vie.

▼ **Planifier**

Notez vos objectifs, avec leurs échéances, et revoyez-les quotidiennement. Inconsciemment, vous les mettrez en œuvre.

Les heures de début et de fin sont clairement définies pour chaque tâche.

Un objectif précis, limité en importance, est fixé pour chaque jour.

Lundi 7 avril	*19 h-20 h*	*Apprendre comment fonctionnent le cerveau et la mémoire*
Samedi 12 avril	*15 h-16 h*	*Étudier les techniques de développement de la mémoire*
Mercredi 16 avril	*20 h-21 h*	*Choisir une technique et l'essayer*

Séparés, les objectifs à court terme paraissent plus importants qu'un objectif à long terme.

L'objectif principal, améliorer la mémoire, est divisé en plusieurs sous-objectifs.

Adapter les Techniques

La clé, si l'on veut être capable de faire quelque chose, est d'avoir confiance en sa capacité à le faire. Maîtriser les techniques de mémorisation améliorera votre confiance en vous : cela peut suffire à faire la différence entre le succès et l'échec.

« Avoir un bon esprit ne suffit pas. Le principal, c'est de savoir s'en servir. »

Descartes

MAINTENIR LA CONFIANCE EN SOI

La confiance que vous accorderez à votre mémoire vient de l'application des techniques d'entraînement, mais aussi de l'idée que ces techniques sont réellement efficaces. Elles sont utilisées par des millions de personnes à travers le monde. Il n'y a aucun mystère dans le processus : les détenteurs de records liés à la mémoire utilisent exactement les mêmes techniques que celle que vous allez découvrir.

◄ Devenir un expert
Maîtriser les techniques employées par les champions du monde de la mémoire vous permettra de les appliquer en toute confiance à chaque fois que vous devrez mémoriser des informations – quand vous jouez aux cartes, par exemple.

À faire	À ne pas faire
✓ Faites des expériences et essayez d'adapter les techniques en fonction de vous : tout peut être mémorisé. ✓ Prenez des notes sur la façon dont vous gérez chaque tâche. Vous pourrez ensuite vous y référer pour en tirer des leçons. ✓ Partagez votre expérience avec d'autres personnes. Cela les encouragera à améliorer eux aussi leur mémoire.	✗ N'essayez pas d'en faire trop à la fois. Choisissez une tâche spécifique, concentrez-vous dessus et tirez-en des leçons. ✗ Évitez d'utiliser ces techniques si vous ne les maîtrisez pas. Testez-les avant de les utiliser au bureau. ✗ Évitez les séances longues et irrégulières. Faites-en moins mais souvent – 15 minutes chaque jour sont plus efficaces que deux longues séances par semaine.

▲ **Suivre un programme**
Établissez puis suivez un programme d'entraînement. Utilisez le temps que vous passez dans les transports en commun, par exemple, pour vous entraîner à mémoriser des noms ou des numéros de téléphone.

ÉTABLIR UN PROGRAMME D'EXERCICES

Comme pour toute autre activité, si vous souhaitez que les techniques soient efficaces, vous devez vous entraîner souvent. Un programme stable et continu de développement personnel vous aidera à vous améliorer. Trouvez des choses à mémoriser, comme une liste de noms, et entraînez-vous dès que vous avez un moment de libre, quand vous marchez ou quand vous prenez le bus ou le train.

▼ **Développer ses capacités**
Commencez par apprendre les techniques, puis utilisez-les largement. C'est seulement ainsi que vous pourrez les utiliser au maximum de leur potentiel.

Apprendre les techniques → **S'entraîner** → **Utiliser les techniques**

ADAPTER LES MODÈLES

Les techniques ne sont que la première étape du processus d'amélioration de votre mémoire. La clé du succès est d'apprendre à adapter les différentes techniques à votre vie et à vos expériences. Pensez-y comme à une boîte à outils : plus vous développez vos capacités, mieux vous pourrez choisir les plus adaptées à vos propres besoins. En pratiquant les exercices de base, votre capacité à adapter les techniques va s'accroître. C'est comme apprendre à conduire : une personne peut vouloir conduire un taxi et une autre une voiture de course, mais les deux doivent d'abord passer leur permis de conduire avant d'adapter leurs compétences à leurs besoins.

POINTS CLÉS

- Exercez votre mémoire comme toute autre faculté – avec application.
- Modifiez les techniques pour répondre à vos besoins. Vous pouvez les utiliser comme vous le souhaitez, du moment qu'elles vous aident à mémoriser.

Entraîner sa Mémoire

Pour améliorer votre mémoire, vous devez apprendre à maîtriser des techniques spécifiques. Grâce à cela, vous pourrez faire progresser votre mémoire pour atteindre le niveau désiré.

Les Principes de Base

Les techniques d'entraînement concernent l'essentiel des processus naturels de la mémoire. Les techniques présentées ici proposent différentes façons d'organiser les informations. Vous pouvez les utiliser seules ou les combiner, selon ce que vous voulez apprendre.

POINT CLÉ

- Développez une solide base de techniques d'entraînement – toutes vos futures compétences se construiront dessus.

▲ **Créer des modèles visuels**
Chaque groupe de points est composé de 16 points. Ceux de gauche n'ont aucun ordre précis, alors que ceux de droite sont rangés en colonnes de quatre points. En réorganisant les points selon un modèle logique, vous facilitez le traitement de l'information par votre cerveau.

ORGANISER LES INFORMATIONS

Pour une efficacité maximale et une perte de données minimale, il est essentiel d'organiser les informations que vous recevez. Diviser ou réarranger ces informations selon des modèles simples est une première étape, facile à effectuer, sur le chemin de l'organisation. Si votre cerveau participe activement au traitement des données, il les retiendra avec plus de précision. Pour encourager votre cerveau à s'engager activement dans le traitement des informations, concentrez-vous et utilisez votre vue et tous vos sens pour réorganiser les données selon un modèle plus facile à mémoriser.

AMÉLIORER SA CONCENTRATION

La concentration est un point essentiel à développe. Comparez le souvenir que vous avez gardé d'une émission de TV que vous avez regardée en faisant autre chose en même temps avec celui d'une émission que vous avez suivie avec attention. Dans le premier cas, votre souvenir sera probablement moins précis et détaillé que dans le second. Obligez-vous à être plus concentré, en imaginant par exemple qu'on vous interrogera plus tard sur le sujet. Essayez ceci : écoutez la radio et, ensuite demandez à un ami de vous poser des questions. Ce processus de révision des informations après l'assimilation initiale est essentiel.

En bref

- L'organisation est aussi essentielle pour votre mémoire qu'elle l'est pour la gestion d'un bureau.
- L'organisation est elle-même source d'amélioration de la mémoire.
- Les sens peuvent être entraînés à capter plus de détails.
- Une approche pluri-sensorielle de l'apprentissage agit efficacement dans le développement de la mémoire.

Elle se concentre sur le livre.

Radio éteinte

◀ **Être concentré**
Pour que la mémorisation soit optimale, vous devez être parfaitement concentré. Quand vous lisez et que vous souhaitez retenir le contenu du texte, il est préférable d'éteindre la radio.

UTILISER SES SENS

La vue et l'ouïe sont les deux sens les plus utilisés dans le processus d'apprentissage. Développez-les afin de les rendre plus fines. Les artistes « voient » 30 % mieux que la moyenne des gens car ils regardent les choses dans le détail, et avec une perspective différente. Pour améliorer vos sens, faites des efforts conscients pour noter les détails. Pendant une journée, prenez le temps d'observer la couleur des yeux des gens et, le lendemain, concentrez-vous sur la forme de leur nez ou de leurs oreilles. Écoutez attentivement leur voix et repérez s'ils ont un accent particulier.

POINT CLÉ

- Pour renforcer vos sens, imaginez l'odeur, le goût et la texture des choses comme vous le faites spontanément pour le bruit ou l'image.

UTILISER LES LIEUX

La technique du « trajet » fonctionne comme un itinéraire avec une signalétique particulière. Elle vous fait tracer mentalement un chemin à travers une série d'endroits familiers, comme les pièces de votre domicile ou les bureaux de votre entreprise, et placer dans chacun de ces endroits une image mentale d'une partie de l'information recherchée. Cela vous permet de vous remémorer les choses dans un ordre particulier.

POINTS CLÉS

- Aidez votre cerveau en liant les nouvelles informations à des données déjà assimilées.
- Quand vous créez une image, utilisez autant de principes de création d'image que possible.

Principes de la création d'image

Elle doit être extraordinaire	*Introduisez un élément imaginaire*
Elle doit bouger	*Animez un objet inanimé*
Elle doit être en 3D	*Concevez-la petite, large, profonde…*
Elle doit être colorée	*Ajoutez des couleurs brillantes aux images fades*
Elle doit être drôle	*Ajoutez un élément qui vous fasse rire*
Elle doit être immense	*Exagérez l'image entière ou une partie de celle-ci*

CRÉER DES IMAGES

La base de tout entraînement de la mémoire est la création d'images mentales à partir des informations à mémoriser. Les images les plus faciles à retenir sont celles qui sortent le plus de l'ordinaire. Utilisez les principes de création d'image pour embellir une image, la rendre unique et inoubliable. Plus vous améliorerez votre capacité à noter les détails, plus il vous sera facile de créer des images frappantes.

▲ **Créer des images farfelues**
Ici, le mot ballon de plage est rendu plus mémorable par l'association d'images évoquant le mouvement, l'imaginaire et l'humour.

▲ **Jouer avec les associations**
Jouez à des jeux d'association, pendant un trajet en voiture, par exemple : demandez à vos compagnons quelle est la première chose à laquelle ils pensent quand vous leur donnez un mot. Cela renforce le processus de création des associations, technique très efficace pour le développement de la mémoire.

UTILISER LES ASSOCIATIONS

Votre cerveau aime créer des liens entre les informations, créant ainsi un véritable répertoire d'associations. Quand il reçoit une nouvelle donnée, il cherche dans votre mémoire à long terme pour trouver un élément similaire afin de « comprendre ». C'est un processus instantané et inconscient. Créer des associations est très efficace pour l'amélioration de la mémoire. En créant de façon active un lien auquel le cerveau peut se raccrocher, vous donnez à votre mémoire de quoi travailler et vous l'aidez ainsi à sauvegarder les données pour plus tard.

ORDONNER LES INFORMATIONS

L'organisation est, dans la plupart des domaines, la clé d'une gestion réussie des informations. Les bibliothèques en sont un bon exemple : sans le système de classement, elles ne pourraient pas fonctionner. La plupart des gens ont, à leur bureau ou à leur domicile, un système de classement dans lequel toute information qui peut être utile est rangée dans un dossier, lui-même placé dans un meuble de rangement. Les techniques de mémorisation jouent le même rôle pour votre esprit à chaque fois que vous recevez une nouvelle information. Elles créent une trame dans laquelle vous allez placer les informations pour pouvoir ensuite vous les rappeler. Ainsi, vous donnez à votre mémoire les moyens de traiter et de ranger les informations de façon à faciliter la mémorisation, et donc la remémoration.

▲ **Ranger les informations**
Tout comme un meuble de rangement, votre mémoire fonctionne mieux quand les informations sont classées et rangées.

Se Souvenir des Noms

La plupart des gens ont des difficultés à mémoriser les noms. Ils essayent toutes sortes de moyens, avec plus ou moins de succès, mais l'utilisation d'une technique spécifiquement étudiée pour ce genre de souvenirs peut vous donner, en éliminant le besoin de recourir à des informations annexes, un réel avantage.

POINT CLÉ

- N'oubliez pas que chaque information stockée dans notre mémoire est connectée, d'une façon ou d'une autre, à une autre information.

La jeune femme regarde les photos de mariage d'un membre de sa famille et se souvient des vacances de son enfance.

▲ **Ramener les souvenirs**
La mémoire fonctionne par associations : la photographie d'un événement rappelle souvent un souvenir similaire ou lié. Pour mémoriser et se souvenir des noms, on peut utiliser un processus identique.

UTILISER LA TECHNIQUE D'ASSOCIATION

Si vous vous souvenez du nom d'une personne alors que vous ne l'avez rencontrée qu'une seule fois, elle aura l'impression d'être spéciale. Dans un contexte professionnel, quand vous êtes en contact avec des clients, par exemple, être capable de les appeler par leur nom est un réel avantage. Quand vous rencontrez quelqu'un, utiliser son nom dès les premières minutes peut permettre de créer un lien entre vous. Il existe un moyen simple d'améliorer votre mémoire des noms : la clé est d'utiliser votre imagination. La technique de mémorisation des noms est en fait fondée sur la technique d'association. Elle implique deux étapes : créer une image et l'attacher à une personne.

Exercices utiles

- ▶ Relevez des noms dans les journaux ou utilisez un livre des prénoms et exercez-vous à créer des images pour chacun d'entre eux.
- ▶ Commencez par utiliser cette technique sur des gens que vous connaissez, puis étendez-la à vos nouvelles rencontres.
- ▶ Expliquez les techniques à d'autres personnes. Non seulement cela vous permettra de consolider vos acquis, mais cela peut en outre être un moyen plein d'humour de briser la glace.

CRÉER DES IMAGES À PARTIR D'UN NOM

Quand vous entendez le nom d'une personne pour la première fois, associez-lui immédiatement une image. Apprenez à écouter et à utiliser les associations qui vous viennent spontanément – ce sont celles que votre mémoire aura le plus de facilité à retenir. Par exemple, le prénom Caroline peut faire naître une image de carreaux car les deux mots ont des sonorités proches, alors que Gabriel vous évoquera un ange. À Claire, vous pourrez associer l'image d'une fontaine, à cause de la chanson, et à Olivier celle d'un arbre. Regardez bien les gens et essayez de trouver des traits distinctifs que vous pourrez facilement fixer dans votre esprit.

En bref

- Retenir les noms vous aidera, dans votre vie sociale.
- La première idée qui vous vient à l'esprit est souvent la plus facile à mémoriser.
- Quand vous rencontrez quelqu'un pour la première fois, trouver un élément distinctif peut être très utile.
- La technique d'association peut être utilisée en combinaison avec les principes de la création d'image.

Entendre le nom → **Créer une image** → **Lier cette image**

▲ **Utiliser les associations**
Entraînez-vous à laisser une image apparaître spontanément dans votre esprit lorsque vous entendez le nom de quelqu'un pour la première fois. Créez ensuite un lien dans votre esprit entre cette image et la personne dont vous avez mémorisé le nom.

Il repère une chemise peu banale et utilise cette information pour créer son image.

Il exagère mentalement les caractéristiques de la chemise pour la rendre encore plus mémorable.

LIER L'IMAGE AU NOM

Après avoir rencontré quelqu'un, utilisez les principes de la création d'image pour concevoir une image liée au nom de la personne, puis reliez cette image à la personne. Pour Caroline, l'image était celle des carreaux – vous pouvez l'imaginer portant un pull à carreaux ou même un costume d'Arlequin. Renforcez cette image en visualisant des carreaux de grande taille et très colorés. Ainsi, quand vous reverrez cette personne, cette image vous viendra à l'esprit et, par conséquent, son prénom.

◄ **Chercher un lien**
Lors d'une première rencontre, repérez un signe distinctif, comme une chemise bariolée, et liez-le au nom de la personne.

UTILISER LA MÉTHODE DE MÉMORISATION DES NOMS

Pour retenir le nom d'une personne, vous pouvez également utiliser la méthode de mémorisation des noms Quand on vous présente quelqu'un pour la première fois (moment où le nom est le plus facilement oublié), vous disposez généralement d'un laps de temps trop court pour appliquer la technique d'association de façon efficace. La méthode de mémorisation des noms est un processus simple, composé de quatre étapes, qui vous donne une chance de retenir le nom et de vous le rappeler, à court terme, quand la plupart des gens l'oublient.

Faire durer la présentation ▶
Plus le temps de présentation est important, plus vous aurez de chances de saisir le nom des gens, de les mémoriser et de pouvoir vous les rappeler par la suite.

Il écoute bien le nom.

Il utilise le nom au moment de dire au revoir.

Utiliser la méthode de mémorisation des noms

Action		Objectif
Avoir une brève conversation	**Faire durer la présentation**	*Améliorer les chances de retenir le nom*
Se concentrer fortement lorsque le nom est prononcé pour la première fois	**Écouter le nom**	*Attention, le nom peut ne pas être répété*
Utiliser le nom trois fois pendant la conversation	**Répéter le nom**	*Fixer le nom dans la mémoire par la répétition*
Revoir le nom à la fin de la journée et le lendemain	**Réviser le nom**	*Mémoriser-le : sinon il sera perdu dans les 48 h*

Étude de cas

PRÉNOM : Marie
PROBLÈME : elle n'arrive pas à retenir les noms
OBJECTIF : réussir à mémoriser les noms

Marie a du mal à se souvenir du nom des gens. Elle a donc décidé d'essayer une technique de développement de la mémoire. Quand on lui a présenté Pierre, elle l'a bien regardé et a repéré un signe distinctif. Elle a utilisé son prénom plusieurs fois. Après la rencontre, elle a amplifié le trait distinctif relevé et l'a associé dans son esprit au prénom Pierre. Un peu plus tard, et aussi le jour suivant, elle a repensé à cet homme et à son prénom. Quand elle a revu Pierre l'année suivante, son prénom lui est revenu facilement à l'esprit.

ÉCOUTER, UTILISER ET RÉVISER

Si vous n'écoutez pas le nom de la personne dès la première fois, il se peut que vous n'ayez pas d'autre chance de l'entendre. Par conséquent, essayez de vous concentrer au moment où la personne vous donne son nom et notez-le dans un coin de votre esprit. Il est ensuite essentiel de le répéter. Si possible, utilisez-le trois fois lors de la première rencontre – dès la présentation, pendant la conversation et au moment de dire au revoir. Même s'il ne s'agit que d'une courte présentation, vous pouvez toujours appeler la personne par son nom. Enfin, il est très important que vous repensiez à ce nom peu de temps après la rencontre, car près de 80 % des nouvelles informations sont perdues si elles ne sont pas réutilisées dans les deux jours qui suivent.

« Pardonnez à vos ennemis, mais n'oubliez jamais leur nom. »

John F. Kennedy

COMBINER LES TECHNIQUES

La technique d'association et la méthode de mémorisation des noms fonctionnent parfaitement individuellement. Toutefois, pour améliorer vos chances de retenir un nom quand vous rencontrez quelqu'un, vous pouvez également utiliser ces deux techniques ensemble. Appliquez la méthode de mémorisation des noms pendant la rencontre et ensuite, pendant ou après la conversation, utilisez la technique d'association pour lier le nom à la personne. De cette façon, vous mémoriserez à la fois la personne et son nom et vous pourrez donc vous en souvenir plus facilement lorsque vous la reverrez.

POINTS CLÉS

- Posez des questions lorsque vous rencontrez quelqu'un pour la première fois. Cela créera un lien et vous permettra de faire durer la présentation.
- Efforcez-vous de trouver une image que vous puissiez rattacher au nom de la personne peu de temps après l'avoir rencontrée pour la première fois.

Retenir les Mots et les Lettres

Pour retenir des groupes de noms ou de mots – dans une liste, par exemple – ou une suite de lettres, utilisez l'une des deux méthodes mentionnées ci-dessous. La méthode des acronymes crée un déclencheur pour la mémoire, tandis que la technique des lettres phonétiques lie des images aux lettres.

POINT CLÉ

- Pour mémoriser des listes, il est judicieux de commencer par la recherche d'acronymes – la plupart peuvent en effet être réarrangées pour en créer.

FAIRE DES ACRONYMES

Les acronymes sont une méthode très ancienne pour mémoriser des listes. Pour créer un acronyme, prenez l'initiale de chacun des mots de la liste et arrangez-les afin de créer un mot. Certains acronymes sont d'ailleurs passés dans le langage courant, comme la NASA (*National Aeronautics and Space Administration*).

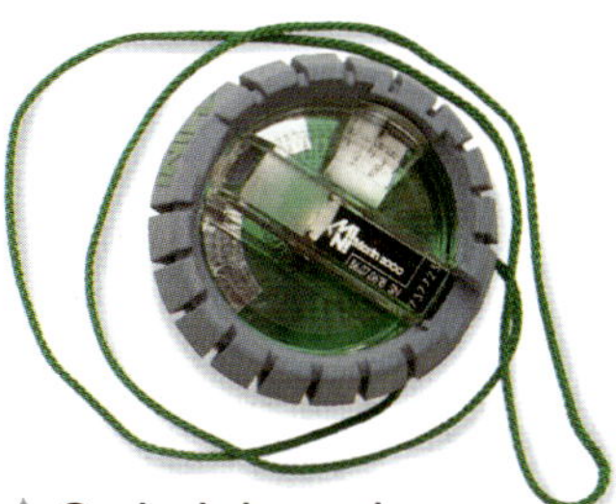

▲ **Garder le bon ordre**
Nord, Est, Sud, Ouest – selon le sens des aiguilles d'une montre – peut donner « Neuf Éléphants Sur une Ombrelle ».

▼ **Réarranger les listes**
Si votre liste est longue, utilisez plusieurs acronymes. Divisez la liste en plusieurs groupes – par couleur, par exemple – puis créez un acronyme pour chacun d'eux.

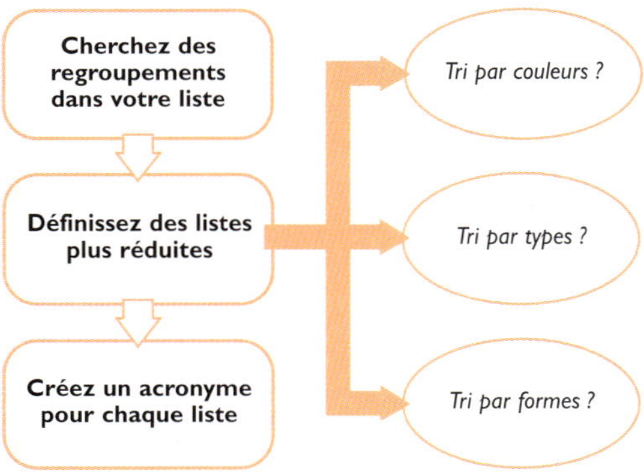

UTILISER LES ACRONYMES DÉVELOPPÉS

Les acronymes développés prennent les initiales des mots et les utilisent comme initiales d'autres mots permettant de former une phrase. Par exemple, pour mémoriser les couleurs de l'arc-en-ciel dans l'ordre (Rouge, Orange, Jaune, Vert, Bleu, Indigo, Violet), vous pouvez utiliser la phrase suivante : « le Roi des Oiseaux Joue au Volley-Ball avec des Indiens du Venezuela ».

UTILISER LA TECHNIQUE DES LETTRES PHONÉTIQUES

Les lettres, seules ou en groupe, font partie de notre vie quotidienne, de nos mots de passe à notre plaque d'immatriculation. La plupart des groupes de lettres ne renvoient pas à une image, ils ont donc besoin d'être transformé en quelque chose à quoi la mémoire puisse s'accrocher. La technique des lettres phonétiques utilise l'alphabet phonétique, un système international allouant un mot précis à chaque lettre. Ce mot peut être utilisé pour créer une image. Voici l'alphabet phonétique :

A Alpha
B Bravo
C Charlie
D Delta
E Écho
F Foxtrot
G Golf
H Hôtel
I India
J Juliet
K Kilo
L Lima
M Mike
N November
O Oscar
P Papa
Q Québec
R Roméo
S Sierra
T Tango
U Uniform
V Victor
W Whisky
X X-ray
Y Yankee
Z Zulu

▲ **Retenir un mot de passe**
Vous pouvez utiliser des images à la place des lettres – votre mémoire les retient plus facilement. C'est une technique idéale pour retenir une série de lettres, comme le mot de passe de votre ordinateur.

PERSONNALISER LES IMAGES

L'étape suivante est de créer des images allant avec le mot. Pour T Tango, par exemple, vous pouvez imaginer un couple de danseurs, et pour W Whisky, une bouteille de whisky. Il est essentiel de créer vos propres images, car vous les mémoriserez plus facilement. Le souvenir de l'image vous permettra de vous souvenir du mot, et donc de la lettre. Pour retenir une suite de lettres, fabriquez-vous une petite histoire fondée sur vos images, en tenant compte de l'ordre.

◀ **Retenir l'alphabet**
Recopiez toutes les lettres et tous les mots de l'alphabet phonétique. À côté de chaque mot écrivez ou dessinez l'image que vous lui associez.

Retenir des Listes

La technique du trajet est une méthode universelle et incroyablement efficace pour mémoriser des listes. Elle vous permet de retenir une somme très importante d'informations, des rendez-vous notés dans votre agenda aux dates historiques les plus importantes.

POINTS CLÉS

- Maîtriser la technique du trajet vous permettra de mémoriser rapidement et facilement une liste très importante d'objets.
- Une fois que vous avez choisi votre trajet, notez-en les détails afin de les fixer dans votre mémoire.

COMPRENDRE LA TECHNIQUE

Cette technique est probablement la plus ancienne méthode d'aide mémorielle. Elle consiste à placer mentalement l'information que vous souhaitez mémoriser dans un endroit qui vous est familier. Cela vous donne un endroit où aller pour la retrouver lorsque c'est nécessaire. Cette technique employant également les images et les associations, elle utilise tous les outils naturels de la mémoire pour un résultat optimal.

Faire des connexions
Cette technique vous permettra de retenir une liste en créant mentalement un lien entre les éléments de la liste et des endroits que votre mémoire connaît déjà.

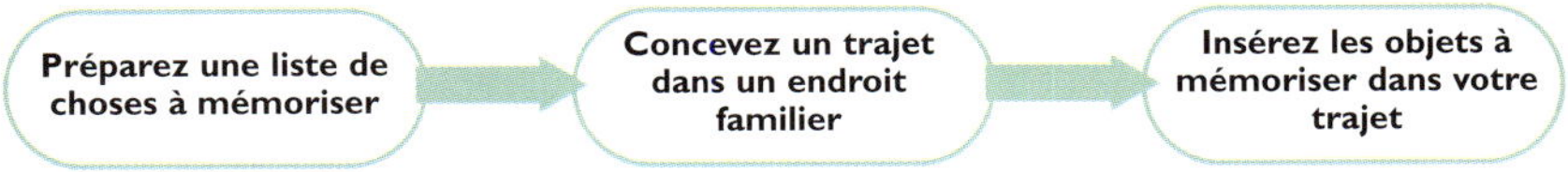

Le père de la tradition orale
L'Odyssée *et* l'Iliade, *de Homère, se racontaient de mémoire et se sont ainsi transmises oralement de génération en génération.*

GRÈCE ANTIQUE ET ROME

L'histoire de l'entraînement de la mémoire remonte à la Grèce Antique. Le mot « mnémonique », signifiant aide à la mémoire, vient du nom de la déesse grecque de la mémoire, Mnémosyne. Simonides de Céos, né au VIe siècle avant Jésus-Christ, est considéré comme le pionnier de l'entraînement de la mémoire. Il a créé la « technique loci », qui consiste à lier des informations à des endroits, afin d'en faciliter le souvenir. Les Romains ont ensuite continué à développer cette technique.

CONCEVOIR SON TRAJET

Faites tout d'abord une liste de choses que vous voulez retenir – par exemple, six objets que vous devez emmener en vacances : crème solaire, argent, chapeau, maillot de bain, livre, lunettes de soleil. Choisissez un endroit que vous connaissez bien, comme votre maison ou votre lieu de travail, et commencez à concevoir un trajet dans cet endroit. Afin d'être mémorisé facilement, le chemin doit suivre un ordre logique du début à la fin. Le nombre d'étapes de votre trajet doit correspondre au nombre de choses que vous voulez mémoriser. La liste de vacances avait six éléments, le trajet aura donc six étapes. Prenez un stylo et un papier et exercez-vous à créer un trajet. Une fois que vous avez choisi votre chemin, placez un objet à chaque étape.

▼ Tracer le chemin

Il est essentiel que vous conceviez votre trajet de façon logique – commencez, par exemple, par l'entrée de la maison et passez ensuite directement d'une pièce à l'autre.

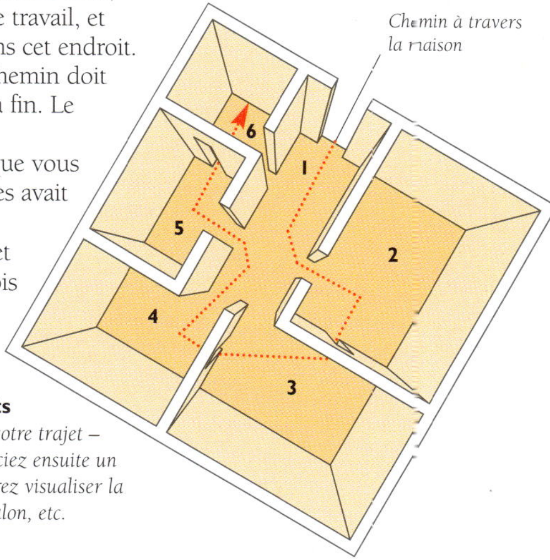

▼ Placer les objets aux bons endroits

Choisissez les endroits pour chaque étape de votre trajet – dans ce cas, six pièces dans une maison. Associez ensuite un objet à chaque pièce. Par exemple, vous pourrez visualiser la crème solaire dans l'entrée, l'argent dans le salon, etc.

Crème solaire	**1re étape**	**Entrée**
Argent	**2e étape**	**Salon**
Chapeau	**3e étape**	**Salle à manger**
Maillot de bain	**4e étape**	**Cuisine**
Livre	**5e étape**	**Chambre**
Lunettes de soleil	**6e étape**	**Salle de bains**

IMAGINER LES OBJETS À LEUR PLACE

Une fois que vous avez inséré chaque objet de la liste à l'endroit du trajet que vous aviez défini, l'étape suivante est d'utiliser les principes de la création d'images pour inventer un scénario ridicule pour chacune des pièces. Plus la scène est farfelue, plus vous aurez de chances de vous en souvenir. Les objets de votre liste de vacances n'ont pas d'ordre particulier et peuvent être placés n'importe où dans la maison. Si l'ordre n'est pas important ici, il peut l'être dans certains cas – par exemple, quand vous essayez d'apprendre les points à aborder dans un discours. Le tableau ci-dessous présente quatre éléments de votre liste de vacances, avec quatre scénarios possibles, dans quatre des pièces appartenant à votre trajet.

▲ **Embellir la scène**
Si votre liste de choses à mémoriser inclut des lunettes de soleil, vous pouvez inventer un scénario dans lequel un chaton assis dans la chambre porte une très large paire de lunettes très colorée.

Inventer une scène

Étape	Pièce	Objet	Scénario
1re étape	Entrée	Crème solaire	Vous pénétrez dans l'entrée, et le sol est couvert de crème solaire. Vous glissez, tombez, et vous retrouvez avec vos vêtements couverts de crème. La bouteille vide se moque de vous depuis le coin de la pièce.
2e étape	Salon	Argent	Vous entrez dans le salon et découvrez qu'il est plein de billets de banque flottant dans l'air. Vous entendez le froissement du papier lorsqu'ils volettent devant votre visage. Vous ne pouvez plus voir votre chemin à travers la pièce tellement l'air est encombré de billets.
3e étape	Salle à manger	Chapeau	Vous allez dans la salle à manger, et la table est couverte de chapeaux. Certains sont même en train de danser. D'autres sautent en rythme, comme s'ils jouaient des percussions.
4e étape	Cuisine	Maillot de bain	Dans la cuisine, vous découvrez des maillots de bain préparant eux-mêmes le repas. L'un surveille le four, les autres coupent les légumes, remuent les casseroles, font la vaisselle. Et tout en travaillant, les maillots de bain discutent les uns avec les autres.

À faire	**À ne pas faire**
✓ Ayez confiance en votre cerveau. ✓ Créez votre trajet rapidement. ✓ Développez des trajets dans de nouveaux endroits, comme les musées, les hôtels ou les bureaux. ✓ Étendez la technique – une fois que vous en êtes capable – en plaçant plusieurs objets à chaque étape.	✗ Ne perdez pas de temps en essayant de créer le trajet « parfait » ✗ N'utilisez pas, au début, d'images abstraites. ✗ Ne concevez pas votre trajet de manière trop complexe avant d'être réellement habitué à cette technique. ✗ Ne passez pas trop de temps à embellir vos images.

VÉRIFIER SES PROGRÈS

Une fois que vous avez inséré les images dans les endroits correspondants, refaites le trajet dans votre tête sans regarder ce que vous avez écrit. Amusez-vous, et refaites-le à l'envers. Une fois que vous le maîtrisez pleinement, testez-vous en réécrivant la liste sur une autre feuille de papier. Quel est le résultat ? Vous aurez probablement fait d'énormes progrès, à la fois dans le nombre d'éléments que vous aurez retenus et dans la rapidité avec laquelle vous vous en serez souvenu. Votre confiance en vous sera meilleure car vous serez plus sûr des éléments dont vous devez vous souvenir. Le processus est à présent terminé – vous savez que les informations que vous avez apprises sont précises et complètes.

◄ **Se tester**
Répétez votre trajet jusqu'au moment où vous estimez le connaître. Notez les éléments de la liste dont vous vous rappelez et comparez-les à la liste originale.

POINTS CLÉS

- La technique du trajet a un nombre infini d'applications. La seule limite est votre imagination.
- Choisissez toujours des endroits qui vous sont vraiment familiers.

MÉMORISER UNE NOUVELLE LISTE

Si vous apprenez une liste d'informations dont vous n'aurez à vous souvenir qu'une ou deux fois, le trajet que vous avez créé pourra être recyclé. Laissez passer au moins un mois après en avoir terminé avec cette liste, puis réutilisez le trajet pour une nouvelle liste. Si, en revanche, vous tentez de mémoriser une liste pour un usage à long terme, vous devrez concevoir un trajet exclusivement pour ce projet. Créer de nouveaux trajets n'est pas aussi ardu qu'il y paraît : plus vous vous entraînerez, plus cela vous deviendra facile.

Retenir les Nombres

Les suites de nombres, des codes de cartes de crédit aux numéros de téléphone, font également partie de notre vie quotidienne. Les techniques de mémorisation des nombres sont simples à apprendre – et améliorer vos capacités à jouer avec les nombres développera tous les aspects de votre réflexion.

▲ **Travailler avec les nombres**
Le boulier est un outil très ancien pour travailler avec les nombres, mais votre outil le plus utile est votre mémoire. Entraînez-la et vous améliorerez ainsi votre aptitude pour le calcul.

ESSAYER DIFFÉRENTS SYSTÈMES

Il existe deux grands systèmes pour vous aider à retenir les nombres : la méthode des rimes et celle des formes. Elles sont amusantes et faciles à utiliser. Les deux consistent à associer les nombres à des images que vous utiliserez ensuite pour créer une histoire. Essayez les deux techniques et voyez laquelle vous convient le mieux. Une fois que vous avez choisi celle que vous préférez, n'en changez plus. Évitez d'utiliser les deux méthodes, que ce soit en même temps ou alternativement.

Quelques informations

L'un des hommes les plus remarquables dans le domaine de la mémoire est le russe Shereshevsky, appelé S. Il souffrait de synesthésie, une affection dans laquelle les sens sont mélangés. Son approche plurisensorielle de l'apprentissage l'obligeait à avoir une mémoire parfaite. Un psychologue russe, A. R. Luria, le testa dans les années 20 et 30. Quelle que soit la longueur des séries de chiffres ou de mots qu'il lui soumettait, S. était capable de les retenir parfaitement, parfois même quinze ans plus tard.

APPRENDRE LA MÉTHODE DES RIMES

La méthode des rimes fonctionne particulièrement bien pour les personnes qui pensent naturellement en termes de sons et peuvent expliquer des idées verbalement. La première étape est de transformer les chiffres de 1 à 9 en images qui riment avec le chiffre. Vous trouverez ci-dessous une liste indicative, mais vous retiendrez mieux les images si vous faites vos propres associations.

0 – Héros
1 – Nain
2 – Nœud
3 – Croix
4 – Plâtre
5 – Zinc
6 – Vis
7 – Aneth
8 – Inuit
9 – Œuf

POINTS CLÉS

- Entraînez-vous et la quantité de nombres que vous pourrez retenir sera sans limites – la plupart des personnes non-entraînées ne peuvent pas en mémoriser plus de sept.
- Définissez et mémorisez seulement dix images et vous aurez maîtrisé la méthode des rimes – son efficacité réside dans sa simplicité.

RETENIR UN CHIFFRE

L'étape suivante consiste à lier l'image à l'information. Il existe deux méthodes : une pour les chiffres et une pour les nombres. Pour illustrer la méthode de mémorisation des chiffres, imaginez qu'un ami a récemment déménagé et que vous devez retenir le numéro de sa nouvelle adresse. Si, par exemple, le numéro de sa maison est 8, vous pouvez imaginer qu'il vit dans un igloo, comme les Inuits. Embellissez l'image en imaginant, par exemple, votre ami en costume d'Inuit, sur la banquise. Pour souligner qu'il s'agit du numéro de sa maison, vous pouvez également imaginer ses meubles à l'intérieur de l'igloo, ou bien une sonnette à côté de l'entrée.

RETENIR UN NOMBRE

La méthode pour mémoriser les nombres nécessite la création d'une courte histoire afin de lier des images à chacun des chiffres composant le nombre. Si le code de votre alarme est 1973, vous pouvez imaginer une histoire mettant en scène un nain (image pour 1), un œuf (image pour 9), de l'aneth (image pour 7) et une croix (image pour 3). Pour vous aider à associer cette image avec votre alarme, vous pouvez imaginer qu'un cambrioleur avec un sac sur l'épaule regarde la scène.

Elle convertit les images en chiffres pour obtenir le numéro de téléphone.

▲ **Convertir les suites de chiffres**
Pour retenir un numéro de téléphone, par exemple, inventez une histoire utilisant les mots qui riment avec les chiffres le composant.

Testez votre mémoire

Pensez-vous être capable de mémoriser des suites de chiffres ? Cochez les phrases qui vous décrivent le mieux :

- Je trouve difficile de retenir précisément des statistiques
- Je ne me souviens que d'une poignée de dates historiques
- J'oublie fréquemment le code de ma carte de crédit
- Je n'essaye pas de retenir les numéros de téléphone
- Je ne peux pas mémoriser plus de sept chiffres à la suite

Analyse Plus vous avez coché de cases, plus vous avez besoin d'adopter une méthode d'entraînement de la mémoire pour améliorer vos capacités. Apprenez les techniques et appliquez-les.

APPRENDRE LA MÉTHODE DES FORMES

Les personnes ayant un mode de pensée fondé sur le visuel préfèrent généralement cette méthode. Ils visualisent des images dans leur tête et sont très sensibles à l'aspect des choses. La méthode des formes fonctionne de la même manière que la méthode des rimes, mais les images que vous allez créer ressemblent à l'image des chiffres, au lieu de rimer avec eux. Voici une liste d'images à titre d'exemple :

0 – Ballon de rugby
1 – Canne
2 – Cygne
3 – Menottes
4 – Voile de bateau
5 – Hameçon
6 – Cerise
7 – Saxophone
8 – Boucles d'oreille
9 – Ballon de baudruche

Essayez de trouver la ressemblance entre ces images et les chiffres, et, si vous n'y arrivez pas, choisissez une autre image.

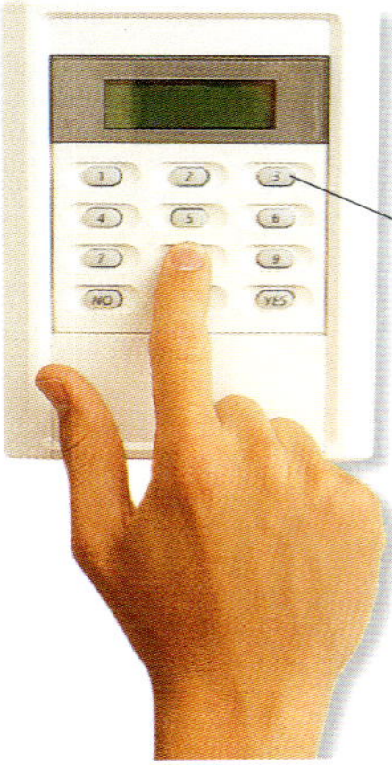

▲ **Utiliser ses propres images**
Un scénario comportant des images basées sur la forme des chiffres est plus facile à mémoriser qu'une série de nombres – le code du système d'alarme par exemple.

▲ **Mémoriser des nombres**
Même un petit nombre peut être difficile à retenir si vous êtes confronté en même temps à des douzaines d'autres nombres similaires – un tableau indicateur des horaires dans un aéroport, par exemple. Dans ce cas, utilisez votre méthode préférée.

LIER LA FORME AU CHIFFRE

À présent, attachez votre image au nombre à mémoriser. Prenez l'image de chaque chiffre et reliez-la aux autres grâce à une petite histoire, en respectant l'ordre. Imaginons que vous devez aller chercher quelqu'un à l'arrivée du vol 287. Vous pouvez imaginer un cygne (2) portant des boucles d'oreille (8) et jouant du saxophone (7). Pour lier cette image au numéro d'un avion, situez-la scène dans une cabine de pilotage.

MÉMORISER LES SUITES DE CHIFFRES

La plupart des nombres que vous utilisez quotidiennement ont plus de quatre chiffres. Divisez les nombres ayant plus de quatre chiffres en nombres plus petits puis placez-les dans un mini-trajet. Pour les nombres ayant plus de huit chiffres, faites au moins trois groupes de chiffres. Les numéros de téléphone sont généralement les nombres les plus longs que vous ayez à mémoriser. Si, par exemple, le numéro de votre nouveau médecin est le 0146573482, séparez les chiffres de la façon suivante : 014-6573-482. En utilisant votre méthode de mémorisation des nombres, créez trois histoires distsinctes et placez-les toutes dans un hôpital. Le trajet pourrait être le suivant : parking, réception puis salle de traitement. Votre trajet doit utiliser les images de façon chronologique afin que vous puissiez les retenir dans le bon ordre.

▼ Diviser les nombres

Il est plus facile de mémoriser des petits groupes de chiffres, donc séparez un nombre à cinq chiffres en un nombre à trois chiffres et un à deux chiffres ; un nombre à six chiffres en deux nombres à trois chiffres ; un nombre à sept chiffres en un nombre à quatre chiffres et un à trois chiffres ; et un nombre à huit chiffres en deux nombres à quatre chiffres.

Nombre à cinq chiffres

1 2 3 4 5

1 2   3 4 5

Nombre à six chiffres

1 2 3 4 5 6

1 2 3   4 5 6

Nombre à sept chiffres

1 2 3 4 5 6 7

1 2 3 4   5 6 7

Nombre à huit chiffres

1 2 3 4 5 6 7 8

1 2 3 4   5 6 7 8

Utiliser des Cartes Mentales

La création de cartes mentales est une méthode de gestion des informations utilisant couleurs, images et mots clés dans une structure développée à partir d'un point central. Nombreuses sont ses utilisations, parmi lesquelles le brainstorming, la résolution de problèmes, les révisions pour les examens.

POINT CLÉ

- En maîtrisant le système des cartes mentales, vous disposerez d'un outil d'apprentissage utilisé par plus de 100 millions de gens.

▲ **Suivre les modèles de la nature**
Les branches d'une carte mentale, semblables à celles d'un arbre, reflètent la structure naturelle des cellules du cerveau.

AMÉLIORER LES SOUVENIRS GRÂCE AUX CARTES MENTALES

Les cartes mentales améliorent les souvenirs de façon tout à fait significative, que ce soit pendant ou après le processus de mémorisation, car l'usage combiné de la couleur et de l'image apporte plus d'informations faciles que les mots seuls. L'utilisation de mots clés réduit de près de 90 % la quantité globale d'informations, restreignant ainsi la quantité d'informations dont vous devez vous souvenir. Les mots clés déclenchent d'autres connexions dans le cerveau. La structure ramifiée d'une carte mentale reflète exactement la structure du cerveau et la façon dont nous pensons et apprenons. Le modèle ainsi créé est donc aisément mémorisable. En outre, concevoir une carte mentale est à la fois facile et amusant.

Élaborer sa carte mentale ▶
Au centre de votre carte mentale, placez un mot ou une image — ici, une maison pour représenter le foyer. Les branches principales montrent les domaines importants liés à ce sujet. Définir le contenu de la carte mentale permet de concentrer son esprit sur le sujet et donc facilite le travail de la mémoire.

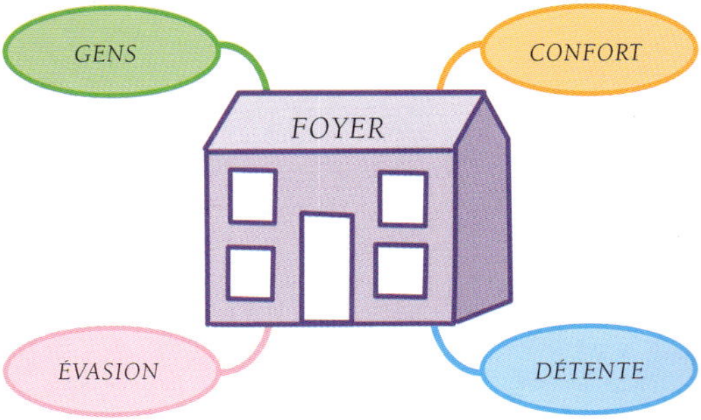

STRUCTURER UNE CARTE MENTALE

La force d'une carte mentale réside dans sa structure : elle donne une vision instantanée de l'information. Les liens et les relations entre les sujets et les groupes de sujets deviennent évidents. Une carte mentale est composée d'une image centrale et de branches en émanant. Chaque branche représente un domaine à explorer, lié au sujet principal. Chacune de ces branches est également subdivisée en branches plus petites, pouvant être elles-mêmes le départ de ramifications couvrant des thèmes plus précis.

Quelques informations

Le concept de carte mentale a initialement été développé dans les années 70. Les cartes mentales sont depuis devenues très populaires grâce à leur efficacité, qu'elles soient utilisées comme méthode de prise de notes, moyen créatif de générer de nouvelles idées ou technique pour améliorer la mémoire.

POINT CLÉ

- Développez votre propre style de carte mentale, en choisissant toujours des couleurs et/ou des images vous correspondant.

DESSINER SA CARTE MENTALE

Pour faciliter votre travail, commencez au milieu de la page puis développez votre dessin vers l'extérieur. Dessinez des lignes épaisses pour les branches principales, chacune d'une couleur différente. Utilisez des mots clés (plutôt que des phrases) pour représenter les informations, et mettez les sujets principaux en avant en utilisant des majuscules. Dessinez ensuite les ramifications partant des sujets principaux pour définir les sujets secondaires. Puis ajoutez tous les détails : images, soulignement…

Ajouter des détails ▼
Utiliser une couleur pour chacune des branches principales et ses ramifications vous aidera à suivre un schéma de pensée organisé.

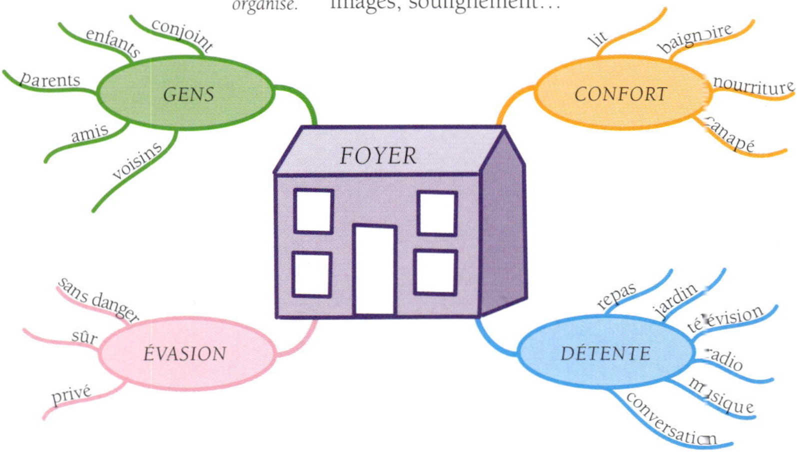

Appliquer les Techniques Mémorielles

Pour maîtriser les techniques, deux étapes suffisent : les apprendre et les appliquer. Familiarisez-vous avec la gamme de situations dans lesquelles vous pourrez vous en servir.

Améliorer sa Mémoire au Quotidien

La capacité à mémoriser de façon précise les informations dont vous avez besoin régulièrement est très importante. Détenir ces informations améliorera non seulement votre confiance en vous et votre efficacité, mais elle vous permettra également de gagner du temps.

POINT CLÉ

- Utilisez les exemples d'applications décrits ici pour trouver des idées correspondant à vos besoins.

◄ **Utiliser un code confidentiel** *Vous ne pouvez pas oublier le code de votre carte bancaire.*

RETENIR CODES ET MOTS DE PASSE

Si vous le pouvez, choisissez des codes faciles à retenir, comme une date de naissance. Si vous utilisez en même temps un code et un mot de passe, choisissez plutôt des mots et des nombres déjà présents dans votre mémoire (le nom de votre rue et votre code postal). Utilisez en alternance des images tirées de votre système de mémorisation des nombres et d'autres liées au mot de passe. Pour une série de lettres, utilisez la technique des lettres phonétiques. Et inventez une histoire liant les images à l'utilité de l'information.

Créer un agenda mental

Créez un trajet par jour

↓

Placez les images représentant les tâches dans votre trajet

↓

Si de nouvelles tâches se présentent, ajoutez-les à la fin de votre trajet

↓

Revoyez mentalement votre trajet plusieurs fois par jour

MÉMORISER LES TÂCHES QUOTIDIENNES

Créer un agenda mental peut aider à mémoriser les tâches journalières. Pour planifier quelques jours à l'avance, utilisez la technique du trajet et concevez autant de trajets que de jours. Concevez une image mentale pour chaque tâche et insérez-la dans le trajet du jour correspondant. Si elle doit être faite à une heure précise, utilisez votre technique de mémorisation des nombres pour ajouter une image correspondant à l'heure concernée. Commencez à remplir votre agenda virtuel deux ou trois jours à l'avance afin de fixer les informations dans votre mémoire. Si une nouvelle tâche doit être ajoutée, placez-la à la fin de votre trajet. Visualisez votre trajet au moins trois fois dans la journée pour vous assurer que vous n'avez rien oublié.

SE SOUVENIR DES DATES

Mémorisez une date avec une technique de mémorisation des nombres. Pour retenir, par exemple, le 19 avril, utilisez les images associées aux quatre chiffres 1904. Pour ajouter une année, soit deux chiffres de plus, divisez le nombre en deux nombres de trois chiffres.

◀ **Mémoriser des dates spéciales**
Pour retenir facilement un anniversaire ou une date de naissance. Associez l'image créée pour la date à l'image de la personne dont c'est l'anniversaire ou la date de naissance.

Choisir une technique appropriée

Type d'information	Technique recommandée
Anniversaires, dates de naissance, codes	Méthode des rimes ou méthode des formes
Mots de passe	Principes de la création d'images
Séries de lettres	Technique des lettres phonétiques

DISPOSER D'UN AGENDA MENTAL

La plupart des gens dépendent totalement d'un agenda, écrit ou électronique, pour organiser leur temps. Aucun système n'est infaillible et il vaut mieux que vous appreniez la technique de l'agenda mental. Mémoriser les détails de votre emploi du temps vous permettra de réagir de façon immédiate quand vous devrez prendre des rendez-vous ou toute autre décision. Pour cela, la technique de base est la technique du trajet. La mise en pratique prend au départ un peu de temps, mais une fois que le système est en place, il est assez aisé de le garder à jour.

Elle transfère les rendez-vous du calendrier à son agenda mental.

▲ **Mettre en place un agenda mental**
Une fois que vous aurez testé les bienfaits apportés par un agenda mental – et les gains en termes d'efficacité –, vous réaliserez ses avantages sur les outils classiques, comme les calendriers.

Exercices

- ▶ Entraînez-vous à concevoir des trajets avec votre famille – cela leur permettra de se familiariser avec les techniques de développement de la mémoire.
- ▶ Placez un calendrier sur la porte de votre frigo et regardez les rendez-vous quand vous prenez votre petit déjeuner. Vérifiez ainsi ce que vous avez mémorisé pour la journée.
- ▶ Testez plusieurs trajets puis abandonnez ceux qui ne fonctionnent pas assez bien.

Etude de cas

PRÉNOM : Thomas
PROBLÈME : oublie les rendez-vous
OBJECTIF : améliorer sa gestion du temps

Thomas a raté plusieurs rendez-vous professionnels dans les trois deniers mois, et il a ainsi développé auprès de ses collègues et de ses clients une assez mauvaise réputation. Il oublie régulièrement son agenda électronique et, quand il l'a, il ne l'utilise pas aussi souvent qu'il le devrait. Sans cela, il fournirait un travail parfait, c'est pourquoi il désire corriger ce travers. Thomas a donc décidé de se créer un agenda mental dans lequel il pourra placer les dates et les heures de ses rendez-vous. Il a appliqué la technique et, à présent, toutes les dates dont il doit se souvenir sont littéralement « dans sa tête », au lieu de figurer uniquement dans son agenda électronique. Il vérifie les premières tâches de son agenda mental tous les matins en prenant son petit déjeuner. Thomas sait que sa gestion du temps s'est améliorée et ses collègues et ses clients ont remarqué un réel changement dans ses résultats.

CRÉER SON AGENDA

Pour un agenda de trois mois, vous devrez créer trois trajets (un pour chaque mois) avec une étape pour chaque jour du mois. Pour faciliter la recherche d'un jour particulier dans un trajet, prévoyez des pauses à l'étape 10 et à l'étape 20. Utilisez alternativement vos trois trajets. Pour chaque entrée dans l'agenda, créez une image et insérez-la à la bonne étape. Pour un rendez-vous chez le dentiste le 18, par exemple, votre image pourrait être celle d'un dentiste soignant les dents d'un nain (1) inuit (8). Insérez l'image à l'étape 18 et, si vous avez besoin d'intégrer une heure, ajoutez l'image appropriée.

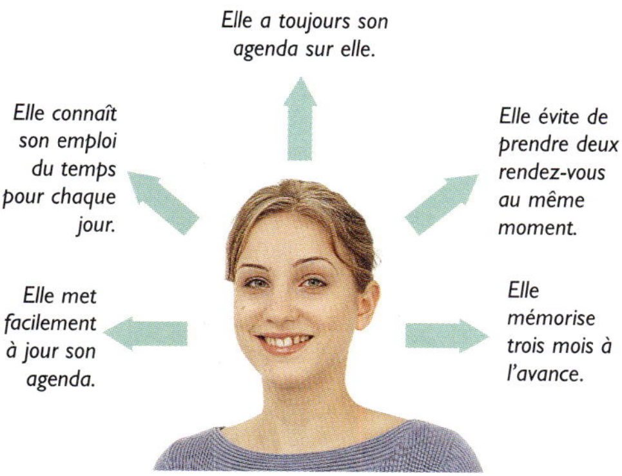

Se dire

Le principe d'affirmation est capital, quelle que soit la compétence que l'on souhaite maîtriser, car il provoque des pensées positives et, en conséquence, des actions positives. Utilisez ces affirmations à chaque fois que vous devrez mémoriser votre agenda..

« Je peux mémoriser autant d'informations que je le souhaite. »

« Je ne dépends pas de systèmes d'aide à la mémoire pour gérer ma vie quotidienne. »

« Mémoriser mon agenda améliorera ma gestion du temps. »

« Mémoriser mon agenda améliorera toutes mes capacités mentales. »

◄ **Utiliser un agenda mental**
Les personnes qui ont créé un agenda mental sont efficaces et fiables car elles peuvent vérifier leurs rendez-vous à tout moment. Elles peuvent tout de suite se reporter à un jour particulier pour contrôler les donnéess.

POINTS CLÉS

- N'oubliez pas qu'il est important de bien connaître ses trajets avant de les utiliser comme agenda.
- Gardez toujours un œil ouvert sur les endroits qui pourraient vous permettre de créer de nouveaux trajets.

ÉTENDRE LA TECHNIQUE

Si vous trouvez facile de travailler sur trois trajets, vous pouvez augmenter la taille de votre agenda et créer de nouveaux trajets, pour six mois ou même pour l'année entière. Vous pouvez conserver les mêmes chemins imaginaires d'année en année. Commencez chaque mois par une image significative représentant ce mois. Si vous préférez travailler par période de trois mois, vous pouvez noter les rendez-vous prévus au-delà et les insérer dans le trajet le plus proche de la date concernée.

Parler en Public

Pour beaucoup de gens, parler en public est une perspective intimidante. Apprendre comment mémoriser les points clés de votre discours ou de votre présentation – ou même de votre rôle dans une pièce de théâtre – vous permettra d'assurer votre intervention de façon naturelle et plaisante.

« Il faut généralement trois semaines pour préparer un bon discours improvisé. »

Mark Twain

POINT CLÉ

- Prenez conscience du fait que parler sans notes vous permet de vous concentrer sur votre présentation et sur votre gestuelle.

PRÉVOIR LE DISCOURS

L'un des meilleurs moyens de préparer un discours est de le concevoir à la manière d'une carte mentale. Notez tout d'abord les mots clés et ajoutez ensuite tous les points relatifs que vous souhaitez aborder. En utilisant cette méthode au lieu d'écrire votre discours mot à mot, vous le rendrez plus naturel. Cependant, si vous préférez rédiger entièrement votre discours, pensez à y intégrer des titres et des sous-titres afin de mettre en relief les mots clés.

▼ Planifier son discours
Dessiner ce genre de carte est une façon créative de planifier un discours, il faut d'abord identifier les points importants puis y ajouter les détails.

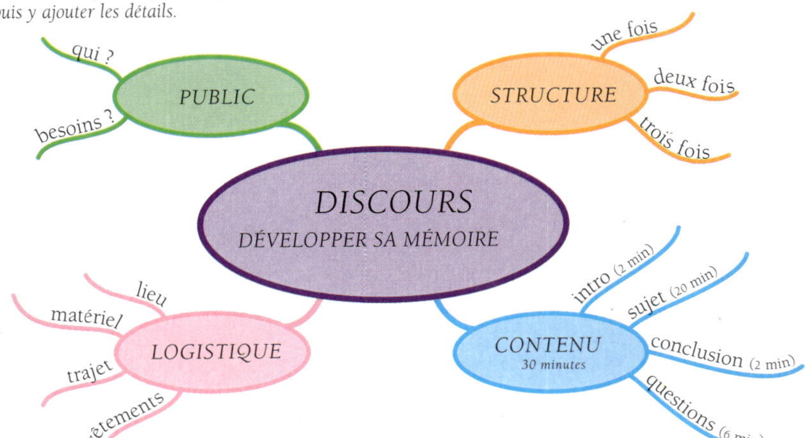

▲ **Préparer son discours**
La préparation est la clé d'un bon discours. Répétez-le plusieurs fois, peut-être devant un miroir, jusqu'à ce que votre prestation soit naturelle.

MÉMORISER UN DISCOURS

Pour mémoriser votre discours ou votre présentation, utilisez la technique du trajet. Cela vous aidera également à minuter votre prestation. Si, par exemple, vous avez décidé de faire un discours de 20 minutes sans notes, trouvez 20 mots clés et préparez un trajet de 20 étapes. Prenez chacun des mots clés, créez-leur une image et insérez-les à chaque étape du trajet. Si vous désirez ajouter des détails supplémentaires, comme des statistiques, utilisez des images créées à l'aide de votre méthode de mémorisation des nombres et ajoutez-les à l'étape concernée. Testez votre discours afin de vérifier que le minutage est correct. Votre discours différera légèrement à chaque fois, ce qui lui permettra de rester naturel.

Choisir les mots clés → **Créer des images pour chaque mot clé** → **Placer les images à chaque étape du trajet**

▲ **Faire un discours**
La technique du trajet découpe votre discours en plusieurs étapes. Vous pouvez en définir une pour chaque point clé ou pour chaque minute de votre discours.

APPRENDRE UN TEXTE

Si vous devez apprendre un text, vous pouvez apprendre les mots clés dans un ordre établi, comme pour un discours. Mais vous devez cette fois employer les mots exacts, et donc pousser la technique un peu plus loin. Révisez votre texte en utilisant la technique du trajet pour garder les points principaux en tête et ne pas perdre le fil. Ensuite, pour fixer les plus beaux passages du texte dans votre esprit, apprenez les mots par répétition. Enfin, s'il reste des passages que vous trouvez difficiles à retenir, inventez des images qui vous les rendent inoubliables.

◄ **Apprendre par cœur**
Les acteurs peuvent utiliser la technique du trajet pour mémoriser les mots clés dans le bon ordre. Ceux-ci rappellent alors le reste du texte, qui est appris par cœur.

Améliorer ses Compétences

Vous pouvez appliquer les techniques de développement de la mémoire à une large gamme d'activités que vous pratiquez quotidiennement, de la mémorisation des informations à la pratique d'un sport ou d'un jeu ou encore à l'apprentissage d'une langue.

POINT CLÉ

- Quand vous devez apprendre une nouvelle activité, envisagez comment les techniques de développement de la mémoire peuvent vous aider.

AMÉLIORER SA LECTURE

Lire est une chose que nous faisons tous – pour le travail, pour le plaisir ou pour les études. La plupart des gens, cependant, n'ont pas une façon efficace de lire et ne retiennent donc pas autant d'informations qu'ils pourraient le faire. Pour améliorer votre lecture et rendre le texte plus facile à retenir, vous pouvez transformer le livre ou l'article concerné en carte mentale. Vous devrez le faire dès le début, en lisant de façon analytique et en réfléchissant à l'ordre et à la hiérarchie des informations. Réorganisez les informations dans votre esprit et ajoutez-les ensuite à votre carte mentale.

◀ **Lire de façon analytique**
Traiter l'information quand vous la lisez améliorera fortement vos chances de la comprendre et donc de vous en souvenir par la suite.

À faire

- ✓ Essayez de nouvelles activités – les échecs, une langue étrangère ou un nouveau sport. Voyez alors comment vous pouvez appliquer les techniques de développement de la mémoire.
- ✓ Racontez aux autres ce que vous faites. Vous pourrez peut-être les aider à faire de même, ce dont vous pourrez être fier.
- ✓ Prenez plaisir à apprendre. L'amusement est la clé d'un apprentissage réussi.

À ne pas faire

- ✗ Évitez d'en faire trop à la fois. Au départ, utilisez les techniques de façon limitée mais régulière.
- ✗ Évitez de vous laisser stresser par les techniques. Essayez-les calmement, à la maison.
- ✗ Évitez d'apprendre pour apprendre. N'appliquez les techniques que pour les choses qui vous tiennent à cœur.

MÉMORISER DES FAITS ET DES CHIFFRES

Être capable de vous rappeler faits et chiffres améliore votre connaissance générale, c'est d'une valeur inestimable si vous voulez participer à des jeux ou à des concours de connaissances. Utilisez la technique des associations pour créer une image pour chaque information, puis associez-les. Si, par exemple, vous voulez retenir que Michael Douglas a gagné un oscar en 1987, vous pouvez créer une image pour le nombre 1987 et l'attacher à l'image de Michael Douglas tenant la statuette. Le plus important est de créer une image que vous puissiez mémoriser facilement et qui, par conséquent, vous aide à vous remémorer l'information associée.

Quelques informations

La mémorisation des informations lues est un problème important pour beaucoup de gens, simplement parce que la plupart des textes imprimés – magazines, journaux, rapports d'activité et certains livres – le sont en noir sur fond blanc. Le meilleur moyen d'apprendre et de retenir une information est de suivre le processus naturel du cerveau et donc d'utiliser tout le spectre des couleurs et d'innombrables images.

Il imagine son bras raidi par le port d'une attelle.

▲ **Utiliser son imagination**
Quand vous mettez de nouvelles techniques de golf en application sur le terrain, les images que vous avez créées pendant la phase d'apprentissage vous viendront à l'esprit.

« L'imagination est plus importante que la connaissance. L'imagination encercle le monde. »

Albert Einstein

APPRENDRE UN SPORT

Au niveau sportif, le mental est autant privilégié que le physique. Développer les capacités de la mémoire est un bon moyen d'accélérer votre apprentissage, car elles permettent de se créer de bonnes habitudes dès le début. Quand vous apprenez une nouvelle technique, comme le coup droit au tennis ou le swing au golf, divisez les aspects techniques en points clés. Créez une image simple et frappante pour chacun de ces points. Par exemple, au tennis, si vous devez garder votre tête toujours immobile durant le service, imaginez que vous portez une minerve et que votre tête est immobilisée. Créez un trajet (dans votre club de sport, par exemple) et rangez-y les points clés dans l'ordre. Ainsi, quand vous commencerez à jouer, les images correspondant à chaque point clé vous viendront à l'esprit.

JOUER AUX ÉCHECS

Aux échecs, les mouvements d'ouverture et de fermeture peuvent être appris. Avant de commencer à jouer, apprennez les déplacements de base. Utilisez les techniques du trajet et des lettres phonétiques ainsi que votre méthode préférée de mémorisation des nombres pour retenir ces mouvements. Créez une image pour chaque déplacement, concevez un trajet et insérez les images à leurs places respectives. Au début, vous pourrez avoir besoin d'un trajet d'au moins 50 étapes. Pour retenir si le déplacement a été fait par une pièce noire ou une pièce blanche, colorez votre image en fonction de la couleur de la pièce.

Exercices

- ▶ Prévoyez d'apprendre un déplacement de base par semaine pendant un mois. Apprenez-en quatre de plus le mois suivant, etc.
- ▶ Gardez un esprit alerte en jouant à des jeux de cartes rapides.
- ▶ Continuez à revoir vos images pour les 52 cartes jusqu'à ce que le souvenir en soit immédiat.

Elle utilise la technique du trajet pour mémoriser les mouvements.

Elle colore ses images en noir ou en blanc.

Commencer ▶ *L'habileté et l'inspiration jouent un rôle essentiel, mais les débutants peuvent faire d'énormes progrès en apprenant les déplacements prédéfinis.*

POINTS CLÉS

- Pouvoir mémoriser les cartes est un talent très appréciable – notamment pour les tours.
- Si vous utilisez régulièrement les techniques de développement de la mémoire, votre habilité avec les cartes augmentera de façon significative.

MÉMORISER LES CARTES

Être capable de mémoriser les cartes vous donne un avantage indéniable dans les jeux. Utilisez votre système de mémorisation des nombres pour créer des images pour les nombres de 1 à 10. Les figures ont leurs propres images. Pour chaque carte, créez une image composée des deux éléments (chiffre et couleur). Pour mémoriser l'ordre des cartes, créez un trajet de 52 étapes et placez-y les cartes dans leur ordre de sortie.

APPRENDRE UNE LANGUE

La méthode d'apprentissage du vocabulaire fonctionne comme la technique d'association utilisée pour retenir les noms. Vous pouvez utiliser cette méthode pour toutes les langues à apprendre ; le point important est d'écouter le mot et de trouver ensuite une image qui lui sera associée. Créez une image en fonction des sonorités du mot, puis attachez cette image à l'équivalent du mot dans votre langue. Par exemple, le mot anglais pour ombre est shadow. Pour vous en souvenir, vous pouvez imaginer un chat de dos, assis sur le sol, avec une ombre démesurée partant de sa queue. Pour renforcer cette image, placez le chat dans une ruelle pleine d'ombres.

▲ **Augmentez votre vocabulaire**
Les techniques d'entraînement de la mémoire peuvent servir à accroître votre vocabulaire – ce qui est essentiel pour votre confiance si vous devez participer à une conversation dans une langue étrangère, que ce soit dans le cadre privé ou professionnel.

En bref

- La combinaison de plusieurs techniques de développement de la mémoire aide aux échecs.
- Une carte à jouer peut être mémorisée grâce à une image combinant le chiffre et la couleur.
- L'ordre d'un paquet de cartes peut être retenu grâce à la technique du trajet.
- Le vocabulaire d'une langue étrangère peut être facilement et rapidement renforcé grâce à la méthode des associations.

MAÎTRISER LES GENRES

Certaines langues utilisent plusieurs genres. Il peut y en avoir deux – masculin et féminin – ou trois – masculin, féminin et neutre. Le genre est très important et doit être appris en même temps que le mot. La meilleure façon de le faire est d'ajouter une dimension supplémentaire à votre image mentale en lui attribuant une couleur correspondant à son genre. Vous pouvez choisir les couleurs que vous désirez pour définir le masculin et le féminin (ainsi que le neutre, si nécessaire) mais il est impératif, une fois définies, de toujours utiliser les mêmes. Quand un nouveau mot se présente, n'oubliez donc pas d'attribuer à votre image la couleur correspondante.

Ajouter la couleur
Vous pouvez choisir le bleu pour les mots masculins et le rouge pour les féminins. Le mot chien, masculin, sera coloré en bleu et le mot porte, féminin, sera en rouge.

Féminin

Masculin

« L'expérience de l'individu est construite sur le plan de sa langue. »

Henri Delacroix

Réussir ses Examens

La mémoire joue un rôle important dans les résultats scolaires. Une bonne mémoire renforcera vos chances de réussir vos examens et donnera surtout à votre cerveau de bonnes habitudes – plus vous apprenez, mieux votre mémoire fonctionne.

POINT CLÉ

- Rendez le processus d'apprentissage plus agréable en transformant les informations difficiles à retenir en images.

▼ **Réviser pour un examen**
Faites varier les techniques utilisées pour vos révisions. De cette façon, vous arriverez à maintenir votre intérêt – et vous vous présenterez à l'examen en toute confiance.

L'information lui revient rapidement et précisément.

UTILISER DES AIDES MÉMORIELLES

Il existe plusieurs façons d'orienter la manière d'étudier afin d'améliorer la mémorisation des informations. Si vous préférez utiliser votre mémoire auditive plutôt que votre mémoire visuelle, enregistrez les informations importantes sur une cassette ou sur un CD. Écoutez ces enregistrements plusieurs fois par jour. Vous pouvez également utiliser des cartes sur lesquelles vous noterez les questions importantes sur une face et les réponses sur l'autre. Donnez ensuite ces cartes à une autre personne pour qu'elle vous aide à réviser : en changeant régulièrement l'ordre dans lequel vous étudierez ces questions, cela vous aidera à vous détacher de cet ordre et vous augmenterez ainsi vos chances de réussir.

À faire

✓ Commencez par utiliser les techniques sur une petite quantité d'informations afin de ne pas vous lasser.
✓ Partagez ces techniques avec les personnes étudiant les mêmes matières que vous.

À ne pas faire

✗ Ne vous forcez pas à apprendre. Si vous êtes fatigué, faites une pause.
✗ Ne vous limitez pas à l'utilisation d'une seule technique – utilisez-les toutes.
✗ N'étudier pas des sujets qui ne vous intéressent pas.

MÉMORISER BEAUCOUP D'INFORMATIONS

Pour retenir une grande quantité d'informations, la clé est de la transformer en une quantité plus facile à gérer. La technique des cartes mentales, grâce à l'utilisation des mots clés, pourra vous y aider. Elle vous permettra également d'organiser l'information de façon logique et compréhensible afin que les liens soient apparents. Ainsi, vous n'aurez plus à retenir que les mots clés de votre carte mentale – ils vous renverront immédiatement aux domaines correspondants.

▲ **Rendre l'information gérable**
Le système des cartes mentales est le meilleur moyen de traiter de grandes quantités d'informations. Vous pouvez dessiner votre carte mentale comme un arbre, notant les points clés sur les branches principales et ajoutant ensuite les informations secondaires sur les branches plus petites.

« Apprendre sans réfléchir est du temps perdu ; réfléchir sans apprendre est périlleux. »

Confucius

Quelques informations

La plupart du temps, quand vous avez une grande quantité d'informations à retenir, il vous suffit de mémoriser un mot sur dix – votre cerveau sera capable de rassembler le reste. Utiliser la méthode des cartes mentales vous permet de réduire la masse des informations d'environ 90 % tout en conservant une excellente compréhension du sujet.

MÉMORISER DES SÉRIES DE FAITS

Pour une série de faits, comme des événements historiques ou la structure biologique d'une fleur, vous pouvez utiliser la technique du trajet. Si vous devez retenir les neuf planètes du système solaire, par exemple, commencez par créer une image pour chaque planète. Ainsi, Mercure pourrait être un thermomètre, la Terre pourrait être une pelle…. Concevez ensuite un trajet en neuf étapes, une pour chaque planète. Situez-le dans un endroit ayant un rapport avec le thème et si possible familier – même si, dans ce cas, il pourrait se dérouler à bord d'un vaisseau spatial imaginaire. Enfin, insérez les images dans le trajet et, si vous le désirez, ajoutez à chaque étape les différentes informations que vous souhaitez retenir, comme l'atmosphère, le type de surface ou la température de chaque planète.

Fixer les Souvenirs

Près de 80 % des données étudiées sont oubliées dans les vingt-quatre heures. Revoir ces informations est essentiel pour fixer les souvenirs. Si vous le faites au moment où il faut, vous réduirez le nombre global de révisions nécessaires.

POINT CLÉ

- Révisez les nouvelles informations régulièrement – une ou deux fois ne suffisent pas pour les fixer dans votre mémoire à long terme.

RÉVISER LES INFORMATIONS

Pour tirer le meilleur profit de vos séances d'étude, vous devez réviser vos connaissances avant qu'il soit trop tard. Dans les premières 24 heures, le cerveau joue avec la nouvelle information, en la connectant à d'autres données déjà mémorisées. Il est donc relativement facile de s'en souvenir pendant cette période. Une fois ce processus terminé, la facilité de remémoration décroît rapidement. Pour éviter cela, vous devez revoir les informations régulièrement. Le cerveau continue ainsi à avoir accès à l'information, l'évaluant et la mémorisant en détail.

Réviser
Dans votre agenda, placez des pense-bêtes aux dates où vous devez réviser les informations pour les fixer dans votre mémoire à long terme.

Il vérifie les indications inscrites dans son agenda électronique.

En bref

- La plupart des nouvelles informations sont oubliées dans les vingt-quatre heures si vous ne les révisez pas une heure après les avoir apprises.
- Le souvenir à long terme ne sera maintenu que grâce à des révisions à intervalles réguliers.
- En devenant capable de bien mémoriser, vous gagnerez en confiance.

FAIRE UN PLAN

Un plan écrit vous permet de consolider vos acquis en vous rappelant les informations à intervalles réguliers. Ceci est particulièrement important pour les études, mais c'est également essentiel pour toute information que vous souhaitez retenir à long terme. Pour revoir une information, le meilleur moment se situe une heure après la première lecture. Vous devrez ensuite la réviser le jour suivant, la semaine suivante, le mois suivant, puis trois mois après et enfin tous les six mois. Notez ces dates dans votre agenda et intégrez-les à votre plan d'action personnel.

FIXER DE NOUVEAUX OBJECTIFS

Atteindre un bon niveau de mémorisation vous donne confiance en votre mémoire, ce qui, en retour, vous encourage à poursuivre dans cette voie. Vous pouvez alors utiliser vos moments de repos pour réviser vos acquis et mémoriser de nouvelles informations. Cela deviendra une habitude plutôt qu'un effort. En accordant plus de temps à la mémorisation, vous aurez envie de relever de nouveaux défis. Quand vous vous fixerez ces objectifs plus poussés, vous pourrez remettre à jour votre plan d'action personnel.

Il intègre ses nouveaux objectifs à son plan d'action.

Mettre son plan d'action à jour ▶
En développant vos capacités de mémorisation, vous vous sentirez prêt à vous fixer de nouveaux objectifs. Revoyez alors votre plan d'action en conséquence.

LE MODÈLE DU SOUVENIR

La première courbe du graphique ci-dessous correspond à la précision du souvenir juste après la première lecture. Le niveau est à 80 % et augmente car le cerveau associe la nouvelle information à d'autres données. Sans révision, cette précision chute jusqu'à environ 20 %. Il est donc essentiel de réviser avant que la précision de souvenir ne descende en dessous de 80 %, c'est-à-dire une heure après la première prise de connaissance. La seconde courbe représente le souvenir après sa première révision, un jour plus tard. Sans nouvelle révision, la précision tombe à 40 % après une semaine. Mais avec des révisions au bout d'un mois, de trois mois puis de six mois, elle reste à 80 %.

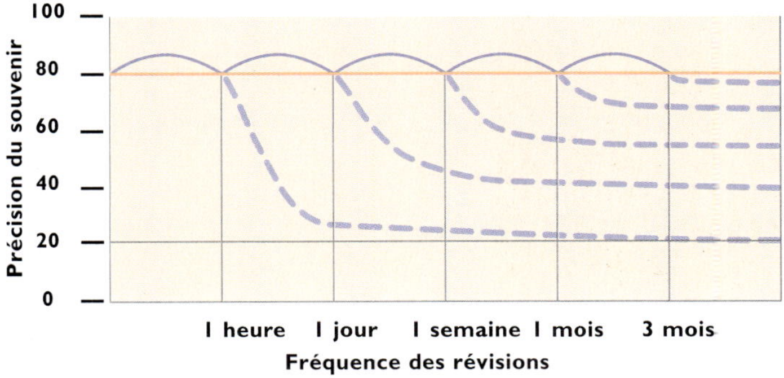

Utiliser les Aides Mémorielles

Il y a des moments où les informations ont du mal à être mémorisées, et des moments où elles doivent être partagées avec d'autres personnes. Pour ces moments-là, il existe des aides mémorielles. Elles sont particulièrement utiles quand elles sont utilisées en combinaison avec les techniques de développement de la mémoire.

FAIRE DES LISTES

Pour la plupart des gens, les listes font partie de la vie quotidienne. Vous pouvez les utiliser pour vous assurer de ne pas oublier un élément important ou pour vous aider à organiser votre travail ou vos loisirs de la journée, de la semaine ou du mois prochain. En plus de vous aider à mieux contrôler votre vie, faire des listes aide votre mémoire. Souvent, établir les choses par écrit est suffisant pour les transformer en souvenirs.

Se dire

Si vous êtes très occupé et que vous avez peur d'oublier quelque chose d'important, essayez de formuler quelques phrases comme celles qui suivent et répétez-vous-les régulièrement pour les garder à l'esprit.

« Je suis plein de ressources et je peux compter dessus pour m'aider à me souvenir de mes rendez-vous. »

« Je peux obtenir de l'aide de ma famille afin de maintenir le lien entre nous. »

« Mettre de l'ordre dans ma vie m'aidera à mieux la maîtriser. »

▲ **Faire des listes à long terme**
Préparer une liste définitive de choses que vous devez emporter pour vos vacances est un moyen efficace de ne rien oublier.

RÉUTILISER LES LISTES

Certaines listes peuvent être réutilisées, année après année. Le meilleur exemple est la liste de vacances, dans laquelle vous notez l'ensemble des choses que vous devrez emmener avec vous. Cela vous permet de gagner du temps, d'éviter le stress habituel des heures précédant le départ et de limiter l'énervement que vous pouvez ressentir lorsque, une fois arrivé à destination, vous vous rendez compte que vous avez oublié le spray anti-insectes. Conservez dans un endroit sûr les listes que vous comptez réutiliser. Par exemple, vous pouvez garder votre liste de vacances dans le carnet d'adresses que vous utilisez pour écrire vos cartes postales. Chaque liste, qu'elle soit mémorisée ou écrite, peut perdre ses qualités si vous ne la gardez pas à jour. Revoir régulièrement vos listes, en ajoutant ou en enlevant des choses si nécessaire, vous permettra de continuer à les utiliser.

◀ Stocker les informations essentielles
Un agenda bien tenu peut vous aider à structurer votre vie.

GARDER UNE TRACE ÉCRITE

Un carnet d'adresses pour toute la famille est un excellent moyen de noter et de conserver les informations importantes auxquelles tous les membres de la famille peuvent avoir besoin d'accéder. Les agendas peuvent quant à eux combiner les fonctions de carnet d'adresses et de bloc-notes, tout en permettant de conserver la trace des anniversaires, des réunions ou des rendez-vous chez le dentiste.

ORGANISER LES INFORMATIONS

Pour garder le contrôle des choses à la maison, la clé est de mettre en place un bon système de classement. Utilisé en combinaison avec votre agenda, il vous aidera à vous souvenir des choses courantes, comme les factures trimestrielles ou la révision de votre voiture. Le point essentiel est de donner une structure logique à votre classement (ordre alphabétique, chronologique ou par thèmes). La plupart des gens utilisent des dossiers séparés pour les factures, la voiture, etc. Si vous avez un dossier « en cours », pensez à le consulter régulièrement.

▼ Être ordonné
Les gens bien organisés sont – et se sentent – constamment maîtres de leur vie. Ils sont efficaces, finissent leur travail dans les temps et n'oublient jamais les dates importantes et les rendez-vous.

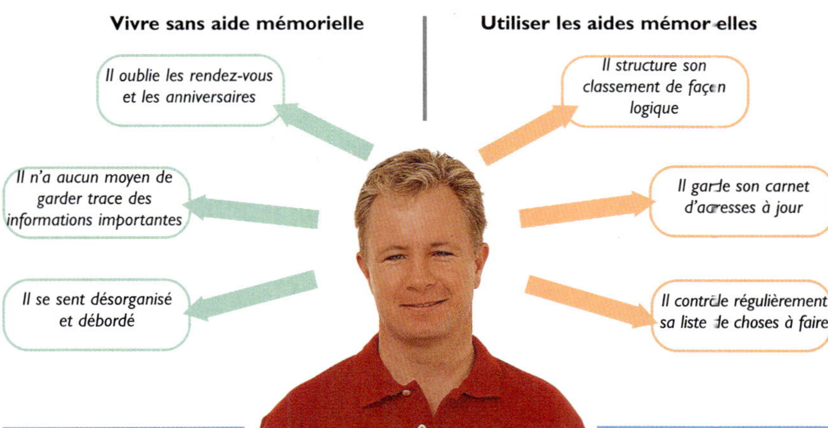

PARTAGER LES INFORMATIONS

Quand les informations doivent être accessibles à plus d'une personne, le mieux est encore de les écrire. Au bureau, un tableau blanc accroché au mur est un excellent système pour rappeler à votre équipe les tâches à accomplir et les délais. Tout en permettant de contrôler l'avancée des projets, le tableau vous aidera à vous concentrer et renforcera les liens au sein de l'équipe.

POINT CLÉ

- Encouragez vos enfants à utiliser un tableau ou un agenda pour vous informer de leurs projets et de leurs activités.

Il prend un jour de congé avec sa famille.

Elle garde de la place dans l'agenda pour les sorties.

Rester informé ▶ *Un agenda commun permet d'être informé des engagements de chaque membre de la famille comme des projets familiaux.*

POINTS CLÉS

- Prenez l'habitude d'utiliser un journal au bureau afin d'enregistrer les appels et de noter ce que vous faites chaque jour.
- Dans votre ordinateur personnel, créez un modèle d'étiquettes dans lequel vous enregistrerez les adresses des gens à qui vous envoyez régulièrement des cartes de vœux.

PRENDRE DES NOTES

Il est très facile d'oublier ce qui est précisément dit lors des réunions. Des notes sont parfois prises, mais si aucun compte rendu n'est préparé, mieux vaut prendre soi-même des notes. Écrivez clairement, afin de pouvoir relire vos notes plus tard. Vous pouvez également utiliser un petit magnétophone ou un dictaphone, mais pensez à demander l'autorisation avant de vous en servir.

Prendre des notes ▶ *Il est toujours utile de prendre des notes à la fois pour garder à l'esprit ce qui a été dit et pour se souvenir des choses à faire.*

UTILISER DES AIDES ÉLECTRONIQUES

Aujourd'hui, les logiciels permettant de garder en mémoire des noms et des adresses ou des dates de rendez-vous sont très faciles d'accès et peuvent même être inclus gratuitement dans certains systèmes d'exploitation. Vous pouvez utiliser plusieurs de ces programmes afin qu'ils vous rappellent les rendez-vous à venir. Ces équivalents électroniques des « Post-it » sont très utiles. Ils ont en outre l'avantage de ne pas se décoller, évitant ainsi la perte de précieuses informations.

Exercices

- Regardez le calendrier de la famille chaque matin pendant le petit déjeuner et rappelez à chacun ce qu'il doit faire dans la journée.
- Préparez une carte mentale à chaque fois que vous prévoyez une activité à plusieurs, qu'il s'agisse d'une réunion au travail ou de vacances en famille.
- Gardez un papier et un stylo près de votre lit et préparez chaque soir la liste des choses à faire le lendemain. Vous vous endormirez ainsi en vous sentant maître de la situation.

▲ **Utiliser des aides électroniques**
Grâce aux ordinateurs portables, vous pouvez par exemple vérifier vos réunions et vos rendez-vous professionnels et planifier votre semaine chez vous, dans votre fauteuil.

UTILISER UN AGENDA ÉLECTRONIQUE

Aujourd'hui, nous avons tous, ou presque, un ordinateur, que ce soit au travail ou à la maison. Nous disposons donc tous, ou presque, d'un excellent moyen de conserver nos listes, notre agenda et toutes les informations dont nous avons besoin. Les ordinateurs portables peuvent avantageusement remplacer l'ancien système imprimé puisque vous pouvez travailler lorsque vous voyagez, en dehors de votre bureau ou de la maison, transférant les informations d'une machine à l'autre. Toutefois, il est plus prudent de garder des copies de vos dossiers sur votre ordinateur fixe, au cas où votre portable serait volé ou cassé.

En bref

- Un grand tableau permet de mettre facilement à jour l'avancée d'un projet d'équipe.
- Conserver un journal de bord est très utile.
- Les ordinateurs peuvent être programmés pour vous rappeler vos rendez-vous importants.
- Noms, adresses et numéros de téléphone peuvent facilement être stockés dans votre ordinateur.

Garder une Mémoire Active

Exercer votre cerveau et garder votre mémoire active augmente la puissance de votre mémoire quand vous vieillissez. Vous découvrirez que vous êtes finalement capable de faire des choses que vous n'aviez probablement jamais envisagées, comme apprendre une langue étrangère ou à jouer d'un instrument de musique.

▲ **Maintenir son agilité mentale**
Utilisez le journal pour exercer votre cerveau – prenez l'habitude de faire les mots croisés ou essayez de traduire certains passages dans une autre langue.

FAIRE DES MOTS CROISÉS ET AUTRES JEUX DE VOCABULAIRE

Les exercices qui gardent la mémoire et le cerveau actifs sont ceux qui demandent des efforts de réflexion. Les mots croisés, comme l'ensemble des jeux fondés sur le vocabulaire, sont excellents car ils vous poussent à vous souvenir de mots que vous n'utilisez pas régulièrement. Vous pouvez également vous exercer en achetant des livres ou des journaux en langue étrangère. Leur lecture vous permettra de prendre conscience de tous les mots que vous ne comprenez pas.

Exercices

- Jouez à des jeux de vocabulaire avec vos enfants. Cela les fera travailler tout en s'amusant et vous permettra de rester alerte.
- Apprenez à jouer d'un instrument de musique. Cela fait travailler plusieurs parties du cerveau.
- Exercez-vous au calcul mental quand vous êtes dans le train ou que vous attendez le bus.

UTILISER LE CALCUL MENTAL

Exercez-vous à faire mentalement des opérations simples dès que l'occasion se présente. Vous pouvez par exemple additionner les prix des articles présents dans votre panier avant d'arriver à la caisse ou essayer de diviser de tête la note du restaurant. Vous pouvez toujours vérifier le résultat avec une calculatrice, mais plus votre esprit sera entraîné à calculer mentalement, plus vous ferez appel à lui plutôt qu'à une machine. Grâce à cela, votre mémoire à court terme restera agile et votre cerveau actif.

GARDER SA MÉMOIRE ACTIVE

Appliquez les techniques d'entraînement de la mémoire à des domaines qui vous intéressent. Si vous apprenez à jouer aux échecs, par exemple, inscrivez-vous dans un club. Si vous voulez apprendre à mémoriser les cartes, rejoignez un club de bridge et essayez d'appliquer les techniques à votre jeu. Étendez les domaines qui vous intéressent en restant à jour concernant les avancées technologiques. Internet, notamment, peut vous offrir tout un nouveau monde d'informations. Un apprentissage continu permet à votre mémoire de rester active, en lui donnant de nouvelles informations à assimiler. Lire est une partie essentielle du processus, lisez donc aussi souvent que possible. Diversifiez vos lectures et intéressez-vous à autant de domaines que possible. Vous aurez toujours plus de facilité à mémoriser les informations qui vous intéressent que celles qui vous ennuient, mais essayez de temps en temps de lire des choses différentes afin d'augmenter l'étendue de votre mémoire et de vos centres d'intérêt.

Étude de cas

PRÉNOM : Richard
PROBLÈME : perd son agilité mentale
OBJECTIF : garder son esprit actif

Richard s'est rendu compte que son rythme mental était en baisse. En dehors de son travail, il n'a aucun centre d'intérêt et ses collègues trouvent qu'il manque de conversation. Après avoir entendu dire qu'il fallait toujours garder son esprit en alerte, il a décidé de passer à l'action. Il a commencé par acheter un journal. Après avoir trouvé des articles qui l'intéressaient, il est allé sur Internet rechercher des informations complémentaires sur ces sujets. Pendant sa pause déjeuner, il a fait les mots croisés. Puis il a acheté un livre sur l'un des sujets qui l'avaient intéressé et s'est rendu compte que la lecture de ce livre avait stimulé son esprit. Richard a ensuite rejoint un cercle de lecture. Il lit à présent un livre par mois et étend ainsi ses domaines d'intérêt.

◀ **Utiliser Internet**
Internet est une formidable base de données. Il représente un outil de recherche inestimable et, quel que soit le sujet, la quantité d'informations disponibles est illimitée. Beaucoup de gens utilisent également les e-mails pour partager leurs centres d'intérêt avec des amis dans le monde entier.

Tester sa Mémoire

Répondez aux affirmations ci-dessous en cochant le cas qui correspond le mieux à votre expérience. Soyez aussi honnête que possible. Si vous répondez « jamais », cochez la case 1 ; si c'est « toujours », cochez la case 4, et ainsi de suite. Additionnez les scores et reportez-vous à l'analyse qui vous concerne pour évaluer votre capacité mémorielle.

Options

1 Jamais
2 Parfois
3 Souvent
4 Toujours

Que répondez-vous ?

	1	2	3	4
1 Je ne crois pas qu'il soit possible d'améliorer sa mémoire.	☐	☐	☐	☐
2 Je sais que je peux développer mon potentiel mémoriel.	☐	☐	☐	☐
3 Je pense que la mémoire ne se dégrade pas avec l'âge.	☐	☐	☐	☐
4 Je sais que je peux développer ma mémoire à court terme.	☐	☐	☐	☐
5 Je sais que je peux améliorer ma mémoire à long terme.	☐	☐	☐	☐
6 Je suis capable d'apprendre et de retenir les noms.	☐	☐	☐	☐
7 Étudier peut être amusant.	☐	☐	☐	☐
8 Je me nourris de façon saine et équilibrée.	☐	☐	☐	☐
9 Je fais de l'exercice régulièrement.	☐	☐	☐	☐
10 Je n'ai aucun problème de sommeil.	☐	☐	☐	☐
11 J'ai confiance en ma mémoire.	☐	☐	☐	☐
12 Je porte un regard positif sur la vie.	☐	☐	☐	☐
13 Je pense pouvoir être créatif.	☐	☐	☐	☐
14 Fixer des objectifs fait partie de mes habitudes.	☐	☐	☐	☐
15 Ma concentration est bonne.	☐	☐	☐	☐
16 Ma vie est bien organisée.	☐	☐	☐	☐
17 J'ai une approche plurisensorielle de l'apprentissage.	☐	☐	☐	☐
18 Je me souviens des noms sans difficulté.	☐	☐	☐	☐

	1	2	3	4
19 Je cherche des modèles dans les informations.	☐	☐	☐	☐
20 Je mémorise avec précision.	☐	☐	☐	☐
21 Je dessine des cartes mentales.	☐	☐	☐	☐
22 Je peux retenir des séries de chiffres.	☐	☐	☐	☐
23 Il m'est facile de me souvenir des dates.	☐	☐	☐	☐
24 J'ai des facilités pour le calcul mental.	☐	☐	☐	☐
25 Je peux parler en public sans utiliser de notes.	☐	☐	☐	☐
26 J'aime acquérir de nouvelles compétences.	☐	☐	☐	☐
27 Je me sens capable d'apprendre une nouvelle langue.	☐	☐	☐	☐
28 Je révise mes connaissances pour améliorer mes souvenirs.	☐	☐	☐	☐
29 J'étudie avec mes amis et ma famille.	☐	☐	☐	☐
30 Je pratique des exercices de stimulation intellectuelle.	☐	☐	☐	☐
31 J'ai confiance dans les techniques de développement de la mémoire.	☐	☐	☐	☐
32 Je suis étonné par les capacités de ma mémoire.	☐	☐	☐	☐

Analyse

Après avoir répondu à toutes les questions, additionnez vos points et vérifiez votre résultat d'après le total obtenu. Notez les domaines dans lesquels votre niveau est bon et ceux dans lesquels vous devez progresser. Enfin, comparez votre résultat à celui que vous avez obtenu dans le test des pages 16 et 17 afin d'évaluer votre progression.

32 à 64 Vous avez des difficultés à ajuster vos habitudes et, pour développer votre potentiel mémoriel, vous allez devoir beaucoup travailler sur les techniques.

65 à 95 Votre attitude et les résultats de votre mémoire sont plutôt bons. Mais il reste encore des domaines à améliorer.

96 à 128 Félicitations ! Les résultats de votre mémoire sont excellents. Il ne vous reste donc plus qu'à continuer à vous exercer pour maintenir ce niveau.

Mes points faibles sont :

____

____

____

____

Mes points forts sont :

____

____

____

____

Index

Titres Disponibles

Créer son CV
Développer son potentiel
Diriger efficacement
Diriger une équipe
Gérer le changement
Gérer son temps
Organiser une réunion
Parler en public
Prendre des décisions
Savoir communiquer
Savoir déléguer
Savoir manager
Savoir motiver
Savoir négocier
Techniques d'entretien
Vaincre le stress
Vendre avec succès
Élaborer une stratégie
Développer un projet
Internet & l'entreprise
Gérer un budget
Comprendre la comptabilité
Se convertir au E-Business
Comprendre la PNL
Les relations publiques
Coacher avec succès
Évaluer son équipe
Être réactif
Avoir confiance en soi
Gérer la pression
Être positif

David Thomas est à la fois un grand orateur, connu des médias du monde entier, un homme d'affaires et l'un des plus grands spécialistes de la mémorisation. Grand spécialiste du sujet, il a été médaillé aux championnats du monde de la mémoire et reste détenteur d'un record mentionné dans le Guinness Book. *Le 1er mai 1998, il a en effet récité de mémoire et sans aucune erreur la formule mathématique Pi (3,14159...) jusqu'à sa 22.500e décimale. Il a participé à de très nombreux colloques dans des pays aussi divers que l'Afrique du Sud, le Canada, les États-Unis ou les Bermudes.*

Photographies

Code : h *haut* ; b *bas* ; c *centre* ; d *droite* ; g *gauche*

Arena images : 53b ; **Corbis** : Ed Bock, 44b ; Stewart Cohen, 62 ; Jim Cummins, 22 ; Mark A. Johnson, 20h ; Araldo de Luca, 38 ; Ariel Shelly, 4/5 ; Georges Shelley, 48 ; Corey Sorensen, 54 ; **Getty Images** : David Boissavy/Taxi, 31h ; Digital Vision, 37h ; Bruce Laurance, 66 ; David Oliver/Taxi, 27 ; Anderson Ross/Photodisc, 14.